*Alles paletti?*

Peter Honnen

# *Alles paletti?*

Migration und Sprache
an Rhein und Ruhr

*leseZeichen*
*greven verlag köln*

Eine Veröffentlichung des LVR-Instituts für
Landeskunde und Regionalgeschichte

Qualität für Menschen

© Greven Verlag Köln, 2015
Lektorat: Holger Steinemann, Stuttgart
Gestaltung: Thomas Neuhaus, Billerbeck
Satz: Thomas Volmert, Köln
Gesetzt aus der FS Lola und der Sabon
Lithografie: farbo prepress, Köln
Papier: Munken Premium Cream und Peydur lissé (Umschlag)
Druck und Bindung: Friedrich Pustet, Regensburg
Umschlagabbildung und Frontispiz: Hartmut Karabinski, Bremen
Alle Rechte vorbehalten
ISBN 978-3-7743-0655-4

Detaillierte Informationen über alle unsere Bücher finden Sie unter:
**www.Greven-Verlag.de**

# Inhalt

## Vorbemerkung

»Aus der farbigsten Sprachlandschaft Deutschlands« lautet der Untertitel eines aktuellen Porträts des Ruhrdialekts.[1] Diese Charakterisierung gilt sicher auch, wenn nicht sogar noch mehr, für das gesamte Rheinland zwischen Mosel und Emmerich. Dazu tragen sowohl die rheinischen Dialekte bei, deren Variantenreichtum geradezu einzigartig ist, als auch die besondere Situation des Rheinlands, das eigentlich immer eine Grenz-, Eroberungs- und Einwandererregion war. Diese jahrtausendelange Migrationsgeschichte hat hier sprachliche Spuren hinterlassen, die wirklich ungewöhnlich sind und das Rheinland in einer sprachlichen Ausnahmesituation zeigen. Zeugen dieser Sprachgeschichte sind einzigartige Sprach- und Dialektinseln, der erste Großstadtregiolekt im deutschen Sprachraum und die Überreste des Jiddischen und Rotwelschen.

Der Essay »Das polyglotte Rheinland« beleuchtet die Mythen, die sich im Rheinland um diese zu Recht als außergewöhnlich empfundene Sprachgeschichte gebildet haben und die hier fest im kollektiven Sprachbewusstsein verankert sind. Allerdings können die interessanten sprachlichen Phänomene in diesem Zusammenhang nur grob umrissen werden, damit die Argumentation des Aufsatzes nicht durch allzu viele Einzelheiten überdeckt wird. Deshalb sei hier eindringlich auf die folgenden Exkurse verwiesen, in denen die hier relevan-

ten Aspekte der »Sprachlandschaft Rheinland« ausführlich beschrieben und möglicherweise aufgekommene Fragen beantwortet werden. Sie zeigen darüber hinaus, dass »Sprache und Migration« keineswegs nur ein aktuelles, sondern ein jahrtausendealtes Thema ist, über das allerdings nur selten geschrieben wird. So kann man eigentlich nur spekulieren, wie sich Fremde in der Antike, im Mittelalter oder in der Frühen Neuzeit verständigt haben, wenn sie nicht Latein sprachen. Das konnten allerdings nur die wenigsten – zumal wir in diesem Zusammenhang zwar immer von Sprachen sprechen, aber damit nur die unzähligen Dialekte der Vergangenheit meinen können, die die Kommunikation zusätzlich erschwert haben. Wie Fremde miteinander – oder eben nicht – gesprochen haben, ist auch ein Thema der Exkurse.

# Das polyglotte Rheinland
# Migration und Sprache

## Einleitung

Das Rheinland, dessen Grenzen hier großzügig von der Mosel bis nach Emmerich und von Aachen bis Dortmund gezogen werden, ist seit Langem stolz auf seinen Ruf als »Schmelztiegel der Kulturen«. Die sprichwörtliche »rheinische Lebensart« gilt geradezu als ein für jedermann erfahrbares Ergebnis des jahrtausendelangen Kontakts der Rheinländerinnen und Rheinländer mit fremden Völkern. Römer, Franzosen, Niederländer, Polen und Italiener haben, ob als direkte Nachbarn oder als Soldaten, Gastarbeiter oder Migranten gekommen, hier ihre Spuren hinterlassen und so dazu beigetragen, dass die Menschen am Rhein heute besonders weltoffen und tolerant sind. So will es jedenfalls ein hier gerne erzählter Mythos.

Als wichtiger Beleg für diese rheinische Toleranz gilt gemeinhin die rheinische Alltagssprache, die mit ihren vielen fremdsprachigen Einflüssen ein hörbares Zeichen dafür ist, dass den Menschen im Rheinland auch jedwede sprachliche Xenophobie fremd ist. Während man nämlich im übrigen Deutschland allenthalben über die Fülle der Anglizismen im sprachlichen Alltag lamentiert, ist man hier geradezu stolz auf die vielen Französismen, die sich in der rheinischen Umgangssprache, sei es im Dialekt oder im Regiolekt, finden lassen. Jede Rheinländerin und jeder Rheinländer kann *aus der Lamäng* eine ganze Reihe von französischen Lehnwörtern aufzählen, die

die enge Verbundenheit mit den westlichen Nachbarn und die Bedeutung der offenbar nicht als Besatzung wahrgenommenen »Franzosenzeit« offenkundig machen: *Fisematenten, Muckefuck, blümerant, Fisternöll, Paraplü, Ottekolonje, Trottewar, Plümmo, Klör* oder *Bajasch* werden dabei selten fehlen. Selbst der Boulevardpresse waren diese doch so typisch rheinischen Wörter eine ganze Artikelreihe wert.[2] Und auch die italienischen Gastarbeiter haben ihre Spuren in der Sprache hinterlassen, denken wir an Wendungen wie *alles paletti, Apparillo, picobello* oder die *Pimmocks*, in denen noch die piemontesischen Bauarbeiter aus dem 19. Jahrhundert zu erkennen sind. Schließlich ist auch das Ruhrdeutsche ein Produkt der Migration, ist diese Varietät bekanntlich ein Konglomerat aus westfälischen, west- und ostpreußischen Dialekten und dem Polnischen der vielen eingewanderten Bergarbeiter (man denke an den *Mottek* oder die *Mattka*) und damit ein Beleg für gelungene Integration. Auch dies ein viel erzählter rheinischer Mythos.

Nun sind Mythen dazu da, zerstört oder zumindest hinterfragt zu werden. Ist das bei Begriffen wie »Weltoffenheit« oder »rheinische Lebensart« sicher nicht einfach, so kann die Sprachwissenschaft auf vergleichsweise härtere Fakten zurückgreifen. Stimmt es also, dass Migranten die Sprache des Rheinlands geprägt haben, dass besonders viele Fremdwörter in der rheinischen Umgangssprache Zeichen für Toleranz sind und dass sich unter dem Einfluss von Migrantensprachen neue Varietäten ausgebildet haben?

## Die Römer und das Rheinland

Der wohl nicht nur für das Rheinland wichtigste und folgenreichste (Sprach-)Kontakt war sicher der zwischen Germanen und Römern, weshalb noch heute Köln bekanntlich die nörd-

lichste Stadt Italiens ist. Die daraus resultierenden unzähligen sprachlichen Entlehnungen, die sowohl die deutsche Standardsprache als auch das »Rheinische« (zum Beispiel *Päsch* [Wiese, lat. *pascua*], *Mösch* [Spatz, lat. *muscio*], *Merle* [Amsel, lat. *merula*], *Pütz* [Brunnen, lat. *puteus*], *Söller* [Dachboden, lat. *solarium*], *Ponte* [Fähre, lat. *pons*]) prägen, sind allerdings keineswegs Kronzeugen für einen wie auch immer motivierten Übernahmeprozess,[3] sondern vielmehr Ergebnis einer aus kultureller Überformung resultierenden sprachlichen Überformung. Die mehr oder minder freiwillige germanische Akkulturation an die überlegene römische Kultur ist leicht an der Sprache festzumachen. So sind die meisten lateinischen Entlehnungen in den Bereichen Handel und Verkehr, Garten und Weinbau, Tiernamen, Lebensstandard (Kleidung, Wohn- und Esskultur) und Militärwesen festzustellen.[4] Wenn beispielsweise nahezu alle küchentechnischen Begriffe und auch die Bezeichnungen für Küchenkräuter und Gemüse in der deutschen Sprache auf das Lateinische zurückgehen, so erlaubt dies sicherlich Rückschlüsse auf die germanischen Essgewohnheiten, die im römischen Sinne tatsächlich barbarisch gewesen sein dürften. Hier jedoch den Beginn einer zweitausendjährigen Mentalitätstradition zu sehen, die die aktuelle Beliebtheit von Trattorien und Gelaterien im Rheinland erklärt, wird dann wohl doch niemand ernsthaft versuchen.

Immerhin waren die rheinischen Germanen die Ersten, die direkt mit römischer Sprache und Kultur in Berührung gekommen sind – und sie waren auch die Letzten. Denn überraschenderweise bedeutete die fränkisch-germanische Landnahme nach Abzug der römischen Truppen keineswegs das Aus für deren Sprache im Rheinland. Sehr zur Verblüffung von Landeskundlern und Sprachwissenschaftlern haben die Dialektologie und die Namenforschung seit 1960 eindeutige Belege dafür zusammengetragen, dass sich an der gesamten

11

Mosel von Trier bis Cochem und sogar hinauf in die Eifel nach Mayen bis zum 12. Jahrhundert eine romanische Sprachinsel gehalten hat, in der nicht Fränkisch gesprochen wurde. Hinzu kommen kleine Enklaven um Prüm herum und im Hunsrücker Hochwald, die allerdings nicht so langlebig gewesen sind. Das bedeutet nun nicht, dass in diesen Sprachinseln Lateinisch gesprochen wurde, das taten schon die gemeinen römischen Soldaten nicht, deren Vulgärlatein als ausschließlich gesprochene Sprache wir leider nur bruchstückhaft rekonstruieren können. Aber eine dialektale Variante dieses Alltagslateins – versetzt mit keltischen, also vorgermanischen Elementen – auf dem Weg zu altfranzösischen Vorformen wird es gewesen sein, die in diesem als Galloromania oder Moselromania bezeichneten Reliktgebiet mitten im fränkischen Siedlungsraum über Jahrhunderte gesprochen wurde.

Die Entdeckung dieser romanischen Sprachinsel ist ein sprachwissenschaftliches Kabinettstück,[5] da hier Siedlungsgeschichte nicht auf der Basis archäologischer oder historischer Forschungen, sondern allein aus sprachlichen Überresten rekonstruiert wurde. Dabei ist das Galloromanische als ausschließlich gesprochene Sprache nicht in schriftlichen Quellen überliefert, sondern kann nur aus Orts-, Flur- und Gewässernamen oder Wörtern in den rezenten Dialekten, vorrangig aus der Winzerterminologie, erschlossen werden. So fallen zum Beispiel heute noch moselländische Ortsnamen auf, die entgegen der germanischen Stammsilbenbetonung (siehe *Fenster* statt lat. *fenéstra* oder *Keller* statt lat. *cellárium*) die romanische Endbetonung zeigen: Kastelláun, Riól, Lassérg, Bekónd oder Oléwig. In den 1970er-Jahren konnten noch über 200 Orts- und Flurnamen erhoben werden, die von den Menschen an der Mosel nach diesem alten Muster ausgesprochen wurden.[6] Auch die Mundarten entlang der Mosel zeigen noch heute, insbesondere in dem hier typischen Wortschatz der Winzer,

exklusive Besonderheiten, die auf die galloromanische Siedlungsgeschichte zurückzuführen sind: *glennen* für »Trauben nachlesen« (aus gall. *glennare*), *pauern* für »Most filtern« (aus lat. *purare*), *Bäschoff* für »Kiepe« (aus gall. *bascauda*), *Pichter* für »Weinbergparzelle« (aus lat. *pictura*) oder *Olk* für »Wingert« (aus gall. *\*olca*), das sich noch in vielen Flurnamen in den Weinbergen findet.[7]

Diese wenigen aus einer Fülle von sprachlichen Belegen zeigen, dass lange nach der sogenannten germanischen Landnahme an der Mosel eine galloromanische Bevölkerung wohl nicht mit, sondern eher neben den fränkischen Einwanderern gelebt hat. Es finden sich zwar vereinzelte sprachliche Übernahmen in den Nachbarregionen wie das Wort *Lei/Leie* für den Schiefer (aus gall. oder vorkeltisch *\*lala* [Steinplatte]), aber insgesamt ergibt sich das deutliche Bild einer in sich geschlossenen Sprachinsel. Vielleicht sind ihre Bewohner deshalb so lange unbehelligt geblieben, weil ihre fränkischen Nachbarn als Ackerbauern von ihren Spezialkenntnissen im Weinbau profitierten und an einer Besetzung dieser agrarökonomischen Nische selbst nicht interessiert waren. Dass diese Form des Sprachkontakts oder besser »Nichtkontakts« – schließlich spricht schon die Existenz einer Sprachinsel eher für Isolation als für ein sprachliches Miteinander – jedoch gar nicht so selten ist, illustrieren zwei weitere rheinische Beispiele.

### Dialektinseln im Rheinland

Migrantensprache muss nicht gleichbedeutend mit Fremdsprache sein. Eine der interessantesten Sprachinseln überhaupt findet man am unteren Niederrhein in der Nähe von Kalkar in den Orten Pfalzdorf, Louisendorf und Neulouisendorf, wo seit Jahrhunderten ein pfälzischer Dialekt gesprochen wird.

Die Sprecherinnen und Sprecher sind die Nachfahren einer Auswanderergruppe aus der Gegend um Bad Kreuznach und Simmern, die sich 1741 auf die beschwerliche Reise zur nordamerikanischen Ostküste aufgemacht hatte, aber schon an der niederländischen Grenze nicht mehr die Mittel zur Weiterreise aufbringen konnte. Nachdem ihnen die preußischen Behörden in Kleve notgedrungen die brachliegende Gocher Heide als Siedlungsgebiet zugewiesen hatten, entwickelte sich dort nach äußerst schwierigen und mühseligen Kultivierungsarbeiten in den folgenden Jahren durch fortgesetzten Zuzug weiterer Familien eine pfälzische Auswandererkolonie, die um 1830 ihre größte Ausdehnung erreicht hatte.[8] Bis heute wird dort ein Dialekt gesprochen, der noch immer eindeutig der nordpfälzischen Ursprungsregion zugeordnet werden kann[9] und der inmitten der umgebenden niederrheinisch-kleverländischen Mundartlandschaft ausgesprochen exotisch anmutet, auch wenn hier wie überall im Rheinland der Dialektverlust nicht zu überhören ist.

Nun sind pfälzische Sprachinseln nicht grundsätzlich ungewöhnlich. Noch heute sind sie vereinzelt in Ungarn (in der sogenannten »Schwäbischen Türkei«),[10] in Rumänien und Brasilien zu finden, und in den USA und in Kanada werden die bekannten pennsylvaniadeutschen Siedlungsmundarten gesprochen, die alle auf Migranten aus der Pfalz zurückgehen. Schließlich sind sie ob ihrer großen Anzahl sogar zum Synonym für deutsche Auswanderer geworden, die selbst in der aktuellen amerikanischen Umgangssprache immer noch *Palatines* genannt werden. Allerdings ist es ein großer Unterschied, ob Sprachinseln in einer grundsätzlich fremdsprachigen Umgebung entstehen oder als Dialektinseln unter einer überdachenden gemeinsamen Standardsprache. Dass Migranten in einer für sie sowohl sprachlich als auch kulturell fremden Welt an ihrer Sprache und ihren gewohnten Strukturen festhalten,

ist häufig zu beobachten und wird aktuell kontrovers diskutiert. Dass prinzipiell[11] deutschsprachige Migranten jedoch im deutschen Sprachgebiet in einer Binnensprachinsel leben und an ihrem Heimatdialekt festhalten, ist dagegen sicher ungewöhnlich. Auch hier hat offensichtlich über Jahrhunderte kaum Sprachkontakt stattgefunden, wenn man von den wenigen kleverländischen Einsprengseln im Inseldialekt absieht (*Blagen* [Kinder], *Klumbe* [Holzschuhe], *Täk* [Äste], *Weckmann*, *Bröleft* [Brautlauf] oder *Hötspot* [Schlachtgeschenk]); auch hier ist die Sprache also eher Zeuge der Isolation ihrer Sprecherinnen und Sprecher als hörbares Beispiel für rheinische kulturelle Vielfalt.

Die Auflösung des Rätsels ist einfach. Die pfälzischen Migranten waren gleich zweifach stigmatisiert. Noch lange nach der ersten Besiedelungsphase galten sie bei ihren niederrheinischen Nachbarn als Hungerleider, die dem unfruchtbaren Heideboden kaum den Ertrag für das Überleben abtrotzen konnten. Darüber hinaus, und das ist der entscheidende Grund, waren sie Protestanten in einer rein katholischen Umgebung. Bis in die 1950er-Jahre waren interkonfessionelle Ehen zwischen Niederrheinerinnen und Pfälzern (und umgekehrt) die absolute Ausnahme, zumal Kinder und Jugendliche in konfessionell gebundenen Schulen unterrichtet wurden und so interkonfessionelle Kontakte kaum möglich waren. Ein Vergleich mit der pfälzischen Schwesterkolonie Plaggendorf bei Aurich bestätigt diese Einschätzung eindrucksvoll. Hier war der pfälzische Dialekt schon nach der dritten Generation verschwunden, weil die Nachfahren der Gründergeneration durch Heiraten in ihrer protestantischen Umgebung aufgegangen waren.

Dass Sprachinseln nicht nur durch Ausgrenzung, sondern auch durch Abgrenzung entstehen können, dafür ist das heute verschwundene »Hötter Platt« ein anschauliches Beispiel.[12] Diese Inselmundart wurde etwa einhundert Jahre in

den Glasbläserfamilien gesprochen, die sich um die berühmte Heyesche Glashütte in Düsseldorf-Gerresheim angesiedelt hatten. Die Glasbläser waren als Facharbeiter vorrangig aus Mecklenburg und Pommern angeworben worden und lebten in der sogenannten Hüttensiedlung nahe der Fabrik. Aus den verschiedenen Mundarten ihrer Heimatregionen hatte sich schnell eine niederdeutsche Ausgleichsmundart entwickelt, die sich deutlich von der ripuarischen[13] Übergangsmundart in dem Düsseldorfer Stadtteil unterschied. Die Glasbläser hatten traditionell ein starkes Standesbewusstsein und schon früh quasizünftische Strukturen entwickelt, die es Außenstehenden praktisch verwehrten, den Glasmacherberuf zu erlernen. Um diese Privilegien zu bewahren, hatte sich in der Siedlung um die Glashütte seit 1875 eine geschlossene Gemeinschaft herausgebildet, die ihr (Sprach-)Inseldasein nicht als Schicksal, sondern als Chance begriff, den errungenen Lebensstandard mit kostenlosen Werkswohnungen und übertariflichen Löhnen zu verteidigen. Als nach dem Zweiten Weltkrieg die maschinelle Flaschenproduktion die Glasbläser endgültig verdrängte, verschwand mit Ihnen auch der Inseldialekt, der, wie auch das Pfälzische am Niederrhein, keine erkennbaren Spuren in der Umgangssprache Düsseldorfs hinterlassen hat. Im Gegenteil, das Hötter Platt und seine Sprecherinnen und Sprecher sind heute in der Landeshauptstadt so gut wie vergessen.

**Das Ruhrdeutsche**

Es gibt wohl kaum eine Region, für die das Wort »Schmelztiegel« mehr strapaziert worden ist, als das Ruhrgebiet. Analog gilt das hier gesprochene Ruhrdeutsche, das heute vor allem bei Kabarettisten und Comedians hoch im Kurs steht, als

Prototyp einer Ausgleichssprache und damit als Produkt der unterschiedlichsten Spendersprachen und -dialekte. Die Umgangssprache im Ruhrgebiet avanciert so zum hörbaren Zeugnis für die gelungene Integration der Arbeitsmigranten aus den Ostprovinzen des Deutschen Reichs, die zwischen 1880 und 1914 in das Ruhrgebiet einwanderten.

Besonders der polnischen Sprache ist immer eine konstitutive Rolle bei der Entstehung des Regiolekts »Ruhrdeutsch« zugewiesen worden. Wie stark diese Migrantensprache den sprachlichen Alltag im Pott angeblich einmal geprägt hat, ist einer »Kampfschrift« des Alldeutschen Verbands von 1901 zu entnehmen: »Geht man in den Orten Buer, Bruch, Herten, Castrop, Bottrop, Erle, Gladbeck, Borbeck, Schalke, Oberhausen, Stoppenberg, Caternberg, Recklinghausen, Herne, Eickel, Riemke, Wattenscheid, Marten, Crange bei Schichtwechsel oder an den zahlreichen katholischen Feiertagen, welche die Polen noch durch eine Reihe speziell polnischer Feste zu vermehren wissen, durch die Straßen, so schlagen einem nur ganz vereinzelt deutsche Worte ans Ohr, dagegen hört man allerwärts die Zischlaute der polnischen Sprache.«[14] Auch wenn das Zitat deutlich geprägt ist von der antislawischen Attitüde dieses nationalistischen Agitationsverbands, so sind die Folgen des »Wissens« um diese Sprachsituation noch heute vielerorts zu beobachten: »Ruhrdeutsch ist demnach eine Art Mischform von polnischen Dialekten und den altdeutschen Dialekten. Hinzu kommen viele Sprachelemente des Bergbaus.«[15] »Wie jede andere Region in Deutschland auch, besitzt das Ruhrgebiet seine typische Sprache. Geprägt von polnischen Einflüssen ist der Dialekt jedoch für ›normale‹ Menschen oft schwer verständlich.«[16] »So ist es zu erklären, dass im Ruhrdeutschen viele polnische beziehungsweise generell slawische Einflüsse im Grundvokabular zu spüren sind.«[17] Und schließlich ist es auch noch nicht lange her, dass

die Jugendlichen im Pott selbst im Schulunterricht mit der ironischen Charakterisierung leben mussten, ihre Sprache sei so etwas wie »Polnisch rückwärts«.

An diesen Einschätzungen ist so wenig richtig, dass eher verblüfft zu fragen ist, wie sie überhaupt entstehen und sich so lange halten konnten. Schon das Bild einer polnisch sprechenden Gegengesellschaft hatte mit der Wirklichkeit im Ruhrgebiet um 1900 nichts zu tun und kann nur mit der bis zur antipolnischen Hysterie gesteigerten Überfremdungsangst erklärt werden. Denn die »polnischen« Migranten dieser Zeit waren fast ausschließlich preußische Staatsangehörige, die aus auch sprachlich unterschiedlichen Gebieten wie Masuren, der Provinz Posen oder Oberschlesien kamen.[18] Gerade von den Masuren ist bekannt, dass sie besonders getroffen waren von der Stigmatisierung als »Pollacken«[19] durch die einheimische Bevölkerung an der Ruhr, da sie weder Polnisch sprachen noch katholisch waren. Wichtiger noch ist allerdings, dass nahezu alle Migranten mit polnischer Muttersprache in ihren Heimatprovinzen bereits mit der deutschen Sprache in Kontakt gekommen waren, die sie mehr oder weniger alltagstauglich sprechen konnten. »So erklärt es sich, daß trotz polnischer Zeitungen, polnischer Gesangsvereine und polnischer Brauchtumspflege nicht einmal in allen Familien polnisch gesprochen wurde. Schon 1903 beklagt ein katholischer Geistlicher, daß die Hälfte der in Westfalen geborenen Immigrantenkinder dem Katechismusunterricht in polnischer Sprache schon nicht mehr folgen können.«[20] Anders als oftmals in heutigen Migrantenfamilien hat die damalige polnische Elterngeneration bereits vor 1914 ihre Muttersprache nicht mehr an ihre Kinder weitergegeben.

Vor diesem Hintergrund ist es auch nicht weiter verwunderlich, dass im aktuellen Ruhrdeutsch nur noch homöopathische Reste aus dem Polnischen zu finden sind. Schon 1928 konnte

Ernst Bußmann gerade einmal zehn polnische Wörter nennen, die im Ruhrgebiet in der Umgangssprache gebräuchlich waren: *Stari, Matka, Posseck, Mottek, Strack, Strachotti, Gischi, Kossa, Zarna, Pinunsen.*[21] Davon haben bis heute – wenn überhaupt – nur *Matka* (Mutter, alte Frau), *Mottek* (schwerer Hammer) und *Pinunsen* (Geld) überlebt. Auch die oft zu hörende Behauptung, die spezifischen Spracheigentümlichkeiten polnischer Muttersprachler beim Deutschlernen hätten sich in der Prosodik des Ruhrdeutschen niedergeschlagen, hat sich als haltlos erwiesen.[22] Selbst das polnische »Paradelehnwort« *Kumpel* erweist sich bei näherer Betrachtung als falsch. Es ist zwar um 1900 im Ruhrgebiet – möglicherweise aus dem polnisch betonten (aber eigentlich französischen) *Kúmpan* – entstanden, aber erst viel später von hier in die polnische Sprache ausgewandert.[23]

Das Ruhrdeutsche ist eine Ausgleichssprache, die auf der Basis der alten westfälischen und niederfränkischen Dialekte der Region entstand, als die Mundart auch unter dem Druck der vielen, nicht nur polnischen Migranten kaum noch als Verkehrssprache taugte. Ein sprachlicher Schmelztiegel ist sie sicherlich nicht, obwohl die polnische Sprache schließlich doch noch eine – wenn auch späte – Spur hinterlassen hat. Im aktuellen Ruhrdeutschen finden sich überraschend viele Wörter auf *-ek*: *Pinnorek, Ollek, Platzek, Spillek, Podschonnek, Fusek, Pastek, Schirrek* usw. Sie alle sind Spielformen, die mit der vermeintlich polnischen Wortendung *-ek* aus Wörtern der Umgangssprache polnische Lehnwörter konstruieren.[24] Hier wird also in Anlehnung an das ruhrdeutsche Kennwort *Mottek* (oder die vielen polnischen Familiennamen auf *-ek* wie Turek oder Polaczek) bewusst polonisiert, um der Alltagssprache im Revier einen exklusiven oder gar exotischen Anstrich zu geben. Diese Sprachmode hat jedoch mit realem Sprachkontakt nichts zu tun.

## Französismen

»Ganz oben im kollektiven Sprachwissen des Rheinlands steht das sprachliche Erbe der ›Franzosenzeit‹.«[25] In kaum einer Mundartdokumentation im Rheinland fehlt deshalb das Kapitel »französische Lehnwörter«, kein Heimatkalender, in dem nicht Wörterlisten oder Aufsätze über die sprachlichen Relikte der napoleonischen Armee im Rheinland zu finden wären. Immer ist dabei ein gewisser Stolz auf diese fremdsprachlichen Einflüsse wie *Komkommer, Paraplü, alät, Filu, malat, Pavei* oder *Plümmo* zu spüren, die in dieser Lesart immerhin auf den Sprachkontakt mit Besatzungssoldaten zurückgehen.

Das war allerdings nicht immer so. Im 19. Jahrhundert waren es im Gegenteil sprachpuristische Überlegungen, die zur Beschäftigung mit diesen französischen Lehnwörtern führten. So verzichteten manche Wörterbuchautoren wie die Aachener Joseph Müller und Wilhelm Weitz ganz bewusst auf die Lemmatisierung von Französismen, der Trierer Philipp Laven verleugnete sie sogar für seinen Dialekt: »Auch nach dieser Seite hin unterscheidet sich die trierische Mundart vorteilhaft von der cölnischen Mundart, welche nicht zufrieden, zahlreiche französische Wörter in sich aufgenommen zu haben, auch noch nach spanischen Wörtern gegriffen hat.«[26] 150 Jahre später dagegen sind in dem neuen *Trierer Wörterbuch* zahlreiche Lehnwörter wie *parlören, Kollätt* (Kragen), *Kommber* (Pate), *Lawuur* (Waschhaus) oder *menaschören* (sich schonen) zu finden, die eigens gekennzeichnet sind.[27] Dieser Wandel der sprachpuristischen Attitüde, die sich heute ausschließlich gegen Anglizismen richtet, ist sicherlich darin begründet, dass das Französische gegenwärtig in keiner Weise mehr als Gefahr für die deutsche Sprache gilt. Anders als das Englische, in dem viele deutsche Muttersprachler sogar eine Bedrohung für den Bestand der deutschen Standardsprache sehen, werden franzö-

sische Lehnwörter heutzutage auch von Sprachpuristen eher als interessante und sogar exotische Bereicherung der rheinischen Dialekte empfunden. Das war im 19. Jahrhundert sicher noch anders. Denn bis dahin hatte die französische Sprache in Europa eine geradezu beherrschende Rolle gespielt, die sicher mit der des modernen Englisch heute zu vergleichen ist.

Damit ist gleichzeitig ein wichtiger Aspekt berührt, der helfen kann, die eingangs formulierte Frage zu beantworten: Ist die rheinische Alltagssprache mit ihren vielen französischen Entlehnungen ein Indiz für intensiven Sprachkontakt und rheinische Toleranz? Die Antwort kann eigentlich nur »nein« lauten. Zum einen sind die rheinischen Französismen nichts Ungewöhnliches, sie finden sich mehr oder weniger in allen deutschen Dialekten. So nehmen sich die insgesamt etwa 500 kölnischen Wörter französischen Ursprungs, die Arthur Greive im *Neuen kölnischen Sprachschatz* von Adam Wrede gezählt hat (von denen jedoch schon mindestens die Hälfte schon lange nicht mehr in Gebrauch ist),[28] geradezu bescheiden aus gegen die 460 Lehnwörter, die Rudolf Post allein für den landwirtschaftlichen Wortschatz des Pfälzischen auflistet.[29] Insgesamt dürften in den pfälzischen Dialekten mehr als 2000 direkte Entlehnungen aus der romanischen Nachbarsprache zu finden sein. Aber selbst die Berliner sind stolz auf die Französismen in ihrer berlinischen Umgangssprache und reklamieren sogar die Eindeutschungen *Lamäng* und *blümerant* für sich.[30] In der Hauptstadt waren allerdings nicht napoleonische Soldaten, sondern hugenottische Handwerkerfamilien die Quellen für die Übernahmen.

Dieser direkte Sprachkontakt war jedoch in den seltensten Fällen die Ursache der sprachlichen Interferenzen – weil er in der Regel gar nicht stattgefunden hat. Die immer wieder herbeizitierte Franzosenzeit, also die französische Herrschaft unter Napoleon in den Jahren 1794 bis 1814, »fand im

Rheinland weitgehend unter Ausschluss der Franzosen statt, die sprachliche Französierung war an dem weitaus größten Teil der Bevölkerung spurlos vorübergegangen«.[31] Die wenigen Entlehnungen, die der Besatzungszeit zuzuordnen sind, entstammen alle der Polizei- und Militärsprache: *allemasch* (los), *Allewitsche* (schnelle Besorgung, aus *allez vite*), *Bajasch* (Gepäck), *Kaschott* (Arrestzelle), *Schandarm* (Polizist).[32] Aber selbst diese Wörter sind keinesfalls sichere franzosenzeitliche Entlehnungen, wie jüngst das Beispiel *Tipo* (Gefängnis, aus *dépôt*) gezeigt hat, das wohl doch schon vor der Napoleonzeit im Rheinland in Gebrauch war.[33]

Das Gros der Französismen im Rheinland ist in der Zeit zwischen 1600 und 1750 aufgekommen, deren Sprachstil man als »Alamode-Sprache« bezeichnet. Der deutsche Adel kopierte in dieser Epoche jede kulturelle Entwicklung am französischen Hof, dazu gehörte auch die Nachahmung der höfischen Sprache. Bekanntlich sprach und schrieb der Preußenkönig Friedrich II. lieber Französisch als Deutsch. Es blieb nicht aus, dass dieser modische »Fremdwörterkult«[34] irgendwann auch das Mundart sprechende gemeine Volk erreichte, das die neuen Wörter sehr schnell den üblichen Aussprachegewohnheiten anpasste. Die Französismen in der rheinischen Alltagssprache könnte man demnach als »gesunkenes Kulturgut« bezeichnen, das völlig ohne leibhaftige Franzosen im Rheinland in den Mundarten heimisch geworden ist.

Darüber hinaus sind eine ganze Reihe dieser Französismen gar keine. In der eingangs erwähnten Artikelreihe in der Kölner Boulevardpresse werden zum Beispiel bei *Fisematenten*, *Fisternöll*, *bütze*, *Klüngel* oder *Jeck* französische Wurzeln behauptet. Auch im Sprachbewusstsein der Rheinländerinnen und Rheinländer ist die französische Herkunft dieser Wörter fest verankert, die sich, bis auf *Fisematenten*, allerdings problemlos aus den regionalen Mundarten herleiten lassen.[35]

Letztere haben mit dem berühmten Lockruf *Visitez ma tente*, mit dem französische Soldaten die rheinischen Mädchen in ihre Zelte locken wollten, allerdings nichts zu tun, sondern sind mittellateinischen Ursprungs und schon in der berühmten *Koelhoffschen Chronik* von 1499 als *visimetent* (überflüssiges Getue) belegt. Auch diese etymologischen Wanderlegenden sind wohl kein Beleg für eine rheinische Franzosen- oder Französischbegeisterung, sondern eher ein Versuch, die eigene Sprache interessant zu machen. Das zeigen auch die italienischen »Lehnwörter« wie *alles paletti*, *picobello* oder *Apparillo*, die ebenfalls nicht in der italienischen Sprache verwurzelt, sondern reine Sprachspielereien sind.

## Jiddisch und Rotwelsch

»Kelten, Römer, Franken, Spanier und Franzosen«[36] prägten die rheinische Kultur. Wenn hier noch einmal das in der Einleitung beschriebene, das kulturelle Bewusstsein der Rheinländerinnen und Rheinländer bestimmende Alltagswissen zitiert wird, soll damit auf eine auffällige Lücke in der Aufzählung aufmerksam gemacht werden. Nur ganz selten wird in diesem Zusammenhang nämlich auf die jüdische Kultur und schon gar nicht auf die jüdische Sprache verwiesen, obwohl Letztere deutliche Spuren sowohl in der Umgangssprache als auch in den rheinischen Mundarten hinterlassen hat. Hier sind es bekannte Wörter wie *zocken*, *bestusst*, *Chuzpe*, *dufte*, *Geseier*, *Schmus*, *Zoff*, *Macke*, *malochen*, *Massel*, *mauscheln*, *mies*, *Mischpoke*, *pleite*, *Kluft*, *Reibach*, *Schlamassel*, *Stuss* oder *vermasseln*, dort weniger bekannte wie *acheln* (essen), *Baies* (Haus), *pegern* (sterben), *Beize* (kleines Gasthaus), *beschulemen* (bezahlen), *schicker* (betrunken), *Ponem* (Gesicht), *dalfen* (betteln), *Dalles* (Armut), *Dokes* (Hintern), *Ganef* (Dieb), *Ische*

(Frau), *Katzof* (Metzger), *Kober* (Wirt), *Mackes* (Prügel), *Nafke* (Dirne), *schucke* (kosten) oder *Zores* (Lärm, Streit).[37] Selbst im »modernen« Ruhrdeutschen findet man noch eine Reihe von Wörtern, die jüdischdeutsche Wurzeln haben und die noch heute im Pott gebraucht und verstanden werden: *dibbern* (erahnen, spüren), *Osnik* (Uhr), *colone* (verrückt), *Plattmoos* und *Schickermoos* (Schwarzgeld und Taschengeld), *Keilof* (Hund), den bereits erwähnten *Katzof* (Metzger), *teilacken* (weglaufen, bummeln), *Beischuk* (Zwei-Mark-Stück) und *schaskeln* oder *beschaskelt* (trinken beziehungsweise betrunken).

Anders als die meisten romanischen Lehnwörter sind viele dieser Entlehnungen tatsächlich das Ergebnis von direktem Sprachkontakt, sonst wären die vielen auf das Westjiddische zurückgehenden Einträge in den großlandschaftlichen Mundartwörterbüchern wie zum Beispiel dem pfälzischen und dem rheinischen nicht zu erklären. Seit dem 10. Jahrhundert waren Juden aus dem romanischen Raum, vorrangig aus Frankreich, in den Westen Deutschlands eingewandert. Sie übernahmen im Laufe der Zeit die Sprache – oder besser: die Dialekte – ihrer Umgebung, bewahrten aber eine ganze Reihe von Wörtern aus den Bereichen Religion und Brauchtum, die oftmals aramäisch-hebräische Wurzeln hatten. Das sich daraus entwickelnde Westjiddische[38] war bis ins 19. Jahrhundert die Sprache der sogenannten Landjuden, die als Viehhändler, Metzger, Hausierer oder Markthändler in enger Nachbarschaft zu christlichen Familien in den rheinischen Dörfern lebten. Im vorwiegend in den Städten lebenden jüdischen Bildungsbürgertum wurde das Jiddische im Zuge der Aufklärung zunehmend als »verdorbenes Deutsch« verachtet und immer weniger gesprochen.

Aber auch in der christlichen Landbevölkerung wurde das Jiddische mit der Zeit als fremd empfunden, die Sprache der jüdischen Viehhändler kam sogar in den Ruf einer Geheimsprache. Das belegen die vielen Vokabularien, die von Land-

wirtschaftskammern oder bäuerlichen Interessenvertretungen veröffentlicht wurden. In einer weitverbreiteten Schrift des Trierischen Bauernvereins von 1921 heißt es zum Beispiel: »Gar mancher hat schon bedauert, daß er das ›Judendeutsch‹ nicht kennt. Wie oft kommt es vor, daß die Handelsleute beim Abschluß der Geschäfte unter sich ›mauscheln‹, während der Dritte, um dessen Geld oder Ware sich das Geschäft dreht, zwar mit offenen Ohren zuhört, aber nur rätselhafte Laute vernimmt.«[39]

Diese Einschätzung hat auch dazu beigetragen, dass die Grenzen zwischen der wirklichen Geheimsprache der sozial Deklassierten, dem Rotwelschen, und dem Jiddischen im Laufe der Zeit immer unschärfer geworden sind, zumal es zwischen den beiden »Sprachen«[40] immer schon deutliche Überschneidungen gegeben hat. Ein nicht geringer Teil des rotwelschen Wortschatzes ist jiddischen Ursprungs, sodass heute nicht immer zu entscheiden ist, ob ein jüdischdeutsches Lehnwort direkt aus dem Jiddischen oder über den Umweg des Rotwelschen in die deutsche Umgangssprache gelangt ist. Jedenfalls haben im vorrangig südlichen Rheinland bis zur Mitte des 20. Jahrhunderts noch eine ganze Reihe von Sprechergemeinschaften gelebt, die sich bei Gesprächen untereinander im rotwelschen Wortinventar bedient haben. Das waren zum Teil Nachfahren von, wenn man so will, »wandernden Migranten«, die auch Jenische genannt wurden und die sich als Kesselflicker, Schrott- und Lumpensammler, Scherenschleifer oder Tagelöhner mehr schlecht als recht über die Runden brachten. Dazu kamen klassische Wanderhändler wie Hausierer oder Wanderhandwerker, die der schieren Not gehorchend diese eigentlich ungeliebten Berufe ergriffen hatten und so mit der Sprache der Fahrenden und Unsesshaften in Berührung gekommen waren.

Im 18. und 19. Jahrhundert waren etwa zehn Prozent der Gesamtbevölkerung im Wanderhandel tätig, in Württemberg,

wo ausnahmsweise genauere Zahlen vorliegen, waren zum Beispiel noch 1882 über 22 000 Menschen – und damit mehr als in der Metall verarbeitenden Industrie – als Hausierer tätig.[41] Sie alle und auch ihre Angehörigen sprachen Rotwelsch, sie alle waren berufsbedingt in ständigem Kontakt mit vielen Menschen und haben so dazu beigetragen, dass sowohl die rheinischen Mundarten als auch die rheinische und die allgemeine Umgangssprache eine Fülle von rotwelschen Lehnwörtern aufweisen. Im *Rheinischen Wörterbuch* sind für die Eifel etwa 400 geheimsprachliche Einträge verzeichnet, darunter *Hischerten* (Ohren), *paternällen* (beten), *rullen/Rullert* (handeln/Händler), *Sackroller* (Taschendieb), *Schockel* (Kartoffel), *Lehm* (Brot), *Schlummeres* (Bett), *Schminke* (Fett), *Schockert* (Kaffee), *schächen* (trinken), *talfen* (betteln) oder *Trappert* (Pferd).[42] Sind diese Wörter noch heute für »Nichteingeweihte« nahezu unverständlich, so ist ein Teil des rotwelschen Wortinventars mittlerweile alltagssprachliches Gemeingut geworden. Wörter wie *Kohldampf, Heiermann, verschieben, schwarzfahren, Asche* (Geld), *tapern, tigern, Klinkenputzer, Spanner, Stift* (Lehrling), *Fläppen* (Ausweis), *Macke* (Fehler, Mangel) oder *Kaff* (kleiner Ort) sind heute an jeder Ecke zu hören und haben teilweise sogar schon Einzug in die Schriftsprache gehalten.

**Fazit**

Was kann man daraus folgern? Die Menschen – nicht nur im Rheinland – haben über Jahrhunderte in engem Kontakt mit Jiddisch und Rotwelsch sprechenden Mitbürgern gelebt und Teile des gehörten Wortschatzes übernommen. Das ist alles. Eine besondere Sympathie oder Offenheit für alles Fremde kann man daraus nicht ableiten; für diese Feststellung bedarf es nicht des Hinweises auf die lange Leidensgeschichte der

jüdischen Bevölkerung. Das gilt auch für die französischen Lehnwörter. Sie sind das Ergebnis einer Sprachmode vorrangig adeliger Kreise und nicht einer rheinischen »Franzosenbegeisterung« im Anschluss an die Französische Revolution – genauso wenig wie die vielen lateinischen oder romanischen Lehnwörter auf eine Verbrüderung von Franken und Römern deuten, sondern nur von der überlegenen römischen Kultur künden.

Viel eher kann Sprache ein Indiz für die mangelnde Integration ihrer Sprecherinnen und Sprecher sein, wie die Sprachinseln im Rheinland belegen, unabhängig davon, ob die Isolation erzwungen oder selbst gewählt war. Auch die Aufgabe der eigenen und die Annahme einer fremden Sprache muss nicht das Ergebnis einer gelungenen Integration sein, sondern kann auch aus einer mehr oder weniger erzwungenen Anpassung resultieren, wie es das Schicksal des Polnischen im Ruhrgebiet zeigt. Aber dass das Absterben einer Sprache auch nicht unbedingt bedauert werden muss, belegt die Geschichte des Rotwelschen. Das Verschwinden der vielen rheinischen Rotwelschdialekte markiert in der Regel auch das Ende oft schlimmer sozialer Missstände, deren Ergebnis sie einmal waren. Hier ist jede Nostalgie fehl am Platz.

Das Thema Sprache und Migration ist und bleibt sicher brandaktuell – und Sprache wird auch weiterhin eine zentrale Rolle für die Integration von Migranten spielen. Die Sprache selbst, das heißt in diesem Fall ihren Wortschatz, jedoch zum Gradmesser für Integration zu machen, wäre sicher eine Überforderung.

# Exkurse

## Die Moselromania

Es kommt wahrlich nicht oft oder eigentlich nur äußerst selten vor, dass die Sprachwissenschaft die Ergebnisse geschichtswissenschaftlicher Forschung ergänzen und sogar korrigieren kann. Im Falle der sogenannten Moselromania allerdings waren die sprachhistorischen Fakten derart eindeutig, dass sie heute auch von Historikern nicht mehr ignoriert werden.

Worum geht es? Es war schon lange gesichertes Wissen, dass mit der fränkischen Landnahme im 5. Jahrhundert nicht unmittelbar auch alles »Römische« im Rheinland verschwand. Während auf dem platten Land die bis dahin romanisch sprechende Bevölkerung schnell in der neuen, nun Deutsch sprechenden Sprachgemeinschaft aufging, änderte sich für die Bewohner der großen befestigten Siedlungen wie Xanten, Köln, Bonn, Andernach oder Trier erst einmal wenig. Hier konnte sich die städtische »Romanität«, also das römische Kultur- und Sprachbewusstsein, noch mehrere Generationen halten. Auch im 7. Jahrhundert, das belegen Grabinschriften, lebten in Mainz und Köln immer noch Romanen. Erst damit galt die fränkische Landnahme im Rheinland als vollständig beendet.[43]

Es war ein wissenschaftlicher Laie, der schon 1909 erhebliche Zweifel an dieser Theorie anmeldete. Dem damaligen Bürgermeister der kleinen Gemeinde Wadern im Kreis Merzig, Max Müller, waren bei der Lektüre von alten Flurkarten

seiner Heimatregion eine Reihe von ungewöhnlichen Flur- und Ortsnamen aufgefallen, die sich nicht in das zu erwartende ortsnamenkundliche Schema des Rheinlands einordnen ließen. Daraus hatte er gefolgert: »Diese Erscheinung lässt sich doch bloss so erklären, dass hier in der Eifel die Germanen Neuland gefunden hatten, während an der Mosel und in dem fruchtbaren Gelände bei Wittlich eine starke romanische Bevölkerung nicht nur die Stürme der Völkerwanderung überdauert, sondern auch noch weit in die deutsche Zeit ihr Volkstum bewahrt hatte.«[44] Als wissenschaftlicher Außenseiter fand Max Müller mit seiner kühnen Theorie, wie zu erwarten, jedoch keine Beachtung.

Es dauerte danach über fünfzig Jahre, bis die Sprachwissenschaft Müllers Idee wieder aufgriff und systematisch Beweise für eine gallisch-romanische Siedlungskontinuität an Mosel und Mittelrhein zusammenzutragen begann. Es war vor allem Wolfgang Jungandreas, der zwischen 1971 und 1979 mit seinen Forschungen »die Existenz einer romanischen Sprachinsel an der Mosel, die die germanische Landnahme um Jahrhunderte überdauert hat, in das Bewusstsein von Germanisten und Romanisten gehoben« hat.[45]

Mittlerweile sind die Beweise für die Existenz einer romanischen Sprachinsel entlang der Mosel bis in das hohe Mittelalter erdrückend. Sie werden unter anderem abgeleitet aus den Flur-, Gewässer- und Ortsnamen der Region als auch aus dem Wortschatz der örtlichen Mundarten sowie aus dem Fachwortschatz der Winzer. Einer dieser Nachweise illustriert geradezu beispielhaft, welche Rolle lautgeschichtliche Gesetzmäßigkeiten bei dieser Spurensuche spielen können. Bekanntlich hat die sogenannte zweite Lautverschiebung in der Zeit zwischen dem 5. und 8. Jahrhundert die ursprünglichen germanischen Konsonanten *p*, *t* und *k* je nach Position im Wort zu den Affrikaten *pf*, *ts* (*z*) und *kch* oder den Frikativen *f*, *s* und *ch* verscho-

ben. Dieses Wissen kann man durchaus zu chronologischen Bestimmungen nutzen. So kann man zum Beispiel erschließen, dass die Lehnwörter *Ziegel* (aus lat. *tegula*) oder *Pfeil* (aus lat. *pilum*) schon vor dem 5. Jahrhundert eingebürgert gewesen sein müssen (sonst wären sie nicht verschoben worden), die Wörter *Tafel* (aus lat. *tabula*) oder *Petersilie* (aus lat. *petrosilium*) dagegen erst nach der zweiten Lautverschiebung als Fremdwörter übernommen worden sein können, da sie von den Lautveränderungen nicht mehr betroffen sind.[46] Analog kann man auch mit Ortsnamen im Rheinland verfahren. Der berühmte *iacum*-Name *Tolbiacum* (Zülpich) erscheint deshalb zuletzt im 9. Jahrhundert als *Tulpiacensi*, um dann »pünktlich« um 975, also nach der durchgeführten Lautverschiebung, als *Zulbiche* in den Quellen aufzutauchen. Ähnliches gilt auch für den Ortsnamen *Zabern* (später zu *Rheinzabern*), der auf das lateinische *taberna* (Taverne, Krämerladen) zurückgeht und wie zu erwarten um 1000 erstmals als *Zabrena* erwähnt wird.

Ganz anders dagegen hat sich der Ortsname *Tawern* im heutigen Kreis Trier-Saarburg entwickelt, der sich ebenfalls vom römischen *taberna* ableiten lässt. Das auffällige Fehlen des Lautverschiebungsmerkmals kann nur damit schlüssig erklärt werden, dass zum Zeitpunkt der Lautverschiebung in der Region noch nicht Deutsch gesprochen wurde und die damalige Sprechergemeinschaft deshalb nicht an dem in den germanischen Sprachen üblichen Lautwandel beteiligt war. Wenn dem so war, dann müssten allerdings auch andere Ortsnamen unverschobene Konsonanten enthalten. Und in der Tat hat man davon eine verblüffende Anzahl gefunden, die sich im Saar- und Moseltal wie in einer ununterbrochenen Kette aneinanderreihen. Beispiele für Ortsnamen mit fehlender *t*-Verschiebung sind *Thomm* im Kreis Trier-Saarburg (wohl zu lat. *tumba* [Hügel]), *Tarforst* bei Trier (wohl zu roman. *\*Cent arbors* [hundert/viele Bäume]), *Tellig* bei Zell oder *Tholey* im

Landkreis St. Wendel (aus *Teguleiu, zu lat. *tegula). Auch weit-
verbreitete Flurnamen belegen den Befund, so zum Beispiel
*Planter* oder *Plenter* (aus lat. *plantarium* [Pflanzung]), die in
der Eifel und an der Ahr durchgängig *Plenzer* lauten, an der
Mosel und in Lothringen jedoch ausschließlich mit unverscho-
benem *t* zu finden sind.[47]

Doch damit nicht genug. Neben den unterbliebenen Ver-
schiebungen im Konsonantismus gibt es auch im Vokalismus
eine Reihe von Belegen für die Annahme, dass in den Flusstä-
lern von Saar und Mosel und teilweise des Rheins noch lange nach der fränkischen Landnahme romanisch sprechende
Bewohner ein sprachliches Inseldasein geführt haben müssen.
Das wohl sprechendste Beispiel sind die fehlenden Primär- und
Sekundärumlaute, die ebenfalls ein Chronologiekriterium sind.
Beide Erscheinungen, bei denen zuerst ursprüngliches *a* zu *e*
und etwas später dann auch *o/u* zu *ö/ü* (vor *i* und *j* in der Fol-
gesilbe, also zum Beispiel bei den vielen *iacum*-Namen) umge-
lautet wurden, datieren in das 8. und 9. Jahrhundert. Beispiele
für diese Lautentwicklung sind die Ortsnamen *Jülich* (aus *Ju-
liacum*) oder *Zülpich* (aus *Tolbiacum*). Bei Trier finden sich
dagegen die Ortsnamen *Zalzich* (aus *Saltiacum*), der heute
»eigentlich« *Selzich* lauten müsste, *Konz* (aus *Contoniacum*)
und *Lorich* (aus *Lauriacum*), an der Mittelmosel kennen wir
*Bruttig* (aus *Protiacum*) und *Budnich* (aus *Bodeniacum*), an
der Saar *Gronig* (aus *Croniacum*) und *Kortel* (zu *cortíle*) und
aus der Südeifel *Kollig* (aus *Colliacum*), die allesamt kein *ü*
oder *ö* aufweisen.[48] Das bedeutet nichts anderes, als dass die
»Deutsch« sprechenden Franken diese Ortsnamen erst nach
dem Ende des 9. Jahrhunderts übernommen haben können,
andernfalls hätten sie einen Umlaut aufweisen müssen.

Ein weiterer und wiederum sehr eindrucksvoller Beweis für
das lange Bestehen einer gallisch-romanischen Kolonie an der
Mosel sind die Betonungsverhältnisse bei den dortigen Orts-

und vor allem Flurnamen. Das Germanische unterscheidet sich vom Romanischen unter anderem auch durch die sogenannte Stammsilbenbetonung, die selbst Lehnwörter betrifft, die im Romanischen die dort übliche Endbetonung zeigen: *Fenster* statt lateinisch *fenéstra*, *Keller* statt lateinisch *cellárium*. Im Moselraum jedoch »massieren sich Orts- und Flurnamen romanischer Herkunft, die noch endbetont sind. Ortsnamen wären: *Bekónd, Kastelláun, Kattenés, Riól, Viánden, Lassérg, Oléwig, Tawérn, Wadríll*, dazu Beispiele von Flurnamen wie *Predéll, Schartéll, Krabáun, Schaldáun, Caséll, Funatanéll* usw.«[49] In den 1970er-Jahren konnten bei einer Erhebung in 254 Moselorten noch über 200 Flurnamen kartiert werden, die von den Menschen dort auf diese Weise ausgesprochen wurden. Auch dieses Überleben der altertümlichen Betonungsverhältnisse deutet auf einen sehr späten Sprachwechsel vom Romanischen zum Germanischen hin.

Andere sprachwissenschaftliche Indizien für eine langlebige romanische Sprachinsel entlang der Mosel sind systemische Lautentwicklungen im Altfranzösischen, die in Spuren auch im Moselromanischen nachzuweisen sind. Sie zeigen, dass die Bewohner der Moselromania zwar sprachlich isoliert von ihren Deutsch sprechenden Nachbarn, aber keineswegs isoliert von ihren »Französisch« sprechenden Nachbarn im Westen gelebt und offensichtlich sogar deren Sprachentwicklungen übernommen haben. Hinzu kommen eine auffällige Häufung von vordeutschen Orts- und Flurnamen entlang der Mosel und überdurchschnittlich viele Gewässernamen, deren Entstehung weit vor der römischen und erst recht germanischen Zeit anzusetzen ist.

Und schließlich lassen sich selbst im aktuellen moselländischen Wortschatz noch Reste der mittelalterlichen Sprachinsel finden. Besonders die Winzerterminologie zeigt Eigenheiten, die nur in dieser Region zu hören sind. So heißt das Trage-

gefäß für die Weinlese an der Mosel *Bäschoff*, das zu gallisch *bascauda* (eine Art Gefäß) gestellt wird, und das Nachlesen bei der Traubenernte wird hier *glennen* genannt (zu gall. *\*glennare* [Ähren lesen]).[50] Andere exklusiv moselländische Fachausdrücke sind *Gimme* (Knospe), *Gran* (Traubenbeere), *pauern* (Most filtern) oder *Pichter* (Weinbergparzelle), die alle auf lateinische Wurzeln zurückgehen.

All diese Belege machen deutlich, weshalb die Entdeckung der galloromanischen Dialektinsel entlang der Mosel hier ein sprachwissenschaftliches Kabinettstück genannt worden ist: Sie ist »nicht auf dem Mist der Archäologie [und, so könnte man hinzufügen: auf dem anderer Wissenschaften] gewachsen«,[51] sondern sie beruht allein auf sprachwissenschaftlichen Indizien. Und selbst die wiederum sind ungewöhnlich. Es war keine reiche schriftliche Überlieferung, es waren keine Inschriften oder andere Quellen, die auf die Spur dieser alten und schon lange vergangenen Sprachinsel geführt haben, sondern es ist in diesem Fall die gesprochene Sprache selbst, die aus spärlichen Überresten wie Mundartwörtern, Flur-, Orts- und Gewässernamen so weit rekonstruiert werden konnte, dass sie heute als überzeugender Beweis gilt, auch wenn wir natürlich nie wissen werden, wie die Menschen im Moseltal im Mittelalter tatsächlich gesprochen haben. Was wir jedoch heute wissen, hat die überkommene Vorstellung von der Germanisierung des Rheinlands gründlich revidiert: »An der Mosel, am Mittelrhein, im Hochwald [...] rollte das Rad der Geschichte – nein, nicht über die versprengten Romanen hin, sondern an ihnen vorbei; ihnen blieben Jahrhunderte zur friedlichen Assimilierung.«[52] Oder, wie es einer der an der Erforschung der moselromanischen Sprachinsel beteiligten Sprachwissenschaftler sehr schön beschrieben hat: »Man kann an der Mosel besonders eindringlich den langen Atem der Sprachgeschichte spüren. Ein Wort, das hier nur in wenigen Orten von Winzern gebraucht

wird, kann ein sprachliches Relikt einer Bevölkerung sein, die vor annähernd 2000 Jahren gelebt hat. Wenn man es mit anderen Hinterlassenschaften vergleicht, die in baulichen Resten, Steindenkmälern, Wegen, Gräberfeldern usw. vorliegen, so sind die hier besprochenen Wörter und Namen die einzigen lebendigen Zeugnisse einer früheren Kultur, jahrtausendelang von Mund zu Mund gegangen.«[53]

## Eingewanderte Dialekte

Zwar ist die eine der beiden Sprachinseln, die hier beschrieben werden, Fachleuten schon lange bekannt, die rheinische Öffentlichkeit allerdings hat von ihr bislang kaum Notiz genommen. Das ist im Fall der pfälzischen Kolonie bei Kalkar besonders erstaunlich, weil es sich hier um die einzige noch bestehende Binnensprachinsel Deutschlands handelt, eine sprachliche Singularität sozusagen. Darüber hinaus sind solche Binnensprachinseln überhaupt sehr seltene und erstaunliche Phänomene.

Worum geht es? In den drei Dörfern Pfalzdorf, Louisendorf und Neulouisendorf in der Nähe von Kalkar am nördlichen Niederrhein leben seit 1742 Menschen, die nicht den dortigen niederfränkischen Dialekt, sondern Pfälzisch sprechen. Und in Düsseldorf-Gerresheim lebten bis in die 1950er-Jahre Menschen, die nicht den dort typischen niederfränkisch-ripuarischen Übergangsdialekt, sondern eine eindeutig niederdeutsch geprägte Mundart sprachen. In beiden Fällen also handelt es sich um Sprachinseln unter dem gemeinsamen Dach der deutschen Standardsprache, deren Bewohner einen deutschen Dialekt benutzen, der nicht der eigentliche Dialekt der Region ist. Eine solche Konstellation ist äußerst selten und ungewöhnlich. Die Sprachgeschichte kennt daneben nur noch eine schwäbi-

sche Kolonie bei Kulm in Westpreußen, die jedoch schon teilweise im Gebiet des Polnischen lag,[54] und die Walserkolonien in Vorarlberg und Tirol, die allerdings ursprünglich in einer fremdsprachigen, sprich: rätoromanischen, Umgebung entstanden waren und deshalb keine echten Binnensprachinseln sind.

Zahlreicher und auch bekannter sind dagegen die sogenannten Außensprachinseln, deren Deutsch sprechende Bewohner in einer völlig fremdsprachigen Umgebung leben. So haben die im 12. Jahrhundert besiedelten zimbrischen Sprachinseln in Oberitalien beispielsweise eine gewisse Berühmtheit erlangt, weil man früher in dem dort gesprochenen Bairisch einen quasi gefrorenen mittelhochdeutschen Sprachstand entdecken wollte. Nicht von ungefähr geht die volkstümliche Bezeichnung *Zimbern* »auf humanistische Gelehrte des 15. Jahrhunderts zurück, die hier Reste der germanischen Kimbern vermuteten«.[55] Zu den bekanntesten deutschen Sprachinseln in Europa dürfte Siebenbürgen in Rumänien gehören, wo über sieben Jahrhunderte ein mittelfränkischer Dialekt gesprochen wurde. Weitere alte, schon im Mittelalter entstandene Sprachinseln sind die bereits erwähnten Walserkolonien in Oberitalien, die um 1350 besiedelte bairische Sprachinsel der Gottschee in Slowenien, Iglau in Ostböhmen, die Oberzips in der Ostslowakei oder Kremnitz und Deutschproben in der Mittelslowakei. Jüngeren Datums sind dagegen die »Schwäbische Türkei« in Ungarn, das Banat in Rumänien, die »pfälzische« Bukowina am Rand der Karpaten, die vielen deutschsprachigen Siedlungen in Bessarabien, die Wolgadeutsche Republik, die Kutschurganer Kolonie mit elsässischen Siedlern in der Südukraine oder die durch die aktuelle politische Entwicklung wieder ins westliche Bewusstsein getretenen deutschen Kolonien auf der Krim, womit nur die größeren und bekannteren deutschen Außensprachinseln aufgezählt sind. Dazu kommen die vielen

überseeischen Kolonien wie die der Pennsylvaniadeutschen in den USA, der deutschsprachigen Siedler im südbrasilianischen Bundesstaat Rio Grande do Sul oder die vielen mennonitischen Siedlungen in Mittel- und Südamerika. So finden sich noch heute in den Urwäldern von Belize deutsche Ortsnamen wie *Rheinland* oder *Krefeld*.

Dass diese Außensprachinseln, also deutsche Isolate in fremdsprachigen Umgebungen, eher bekannt sind, liegt sicher an der reizvollen Vorstellung vom Leben einer Minderheit in einem für sie ungewohnten und auch abweisenden Umfeld, der Vorstellung von einer zivilisatorischen Robinsonade einer kleinen Gruppe von Migranten, die über Jahrhunderte ihre kulturelle und sprachliche Selbstbestimmung behauptet und verteidigt haben, völlig abgeschnitten von den Entwicklungen in ihrem Heimatland und damit Eigenarten und Sprachformen kultivierend, die anderswo schon lange verschwunden sind.[56]

Wie realistisch das Bild eines solch isolierten Lebens auch immer sein mag, ähnlich spektakulär erscheinen die rheinischen Sprachinseln als deutsche Dialektinseln unter dem Dach der deutschen Hochsprache zumindest bei erster Betrachtung nicht. Auf den zweiten Blick allerdings ist ihre bloße Existenz mehr als erstaunlich. Denn hier trafen immerhin Menschen aufeinander, die prinzipiell die gleiche Sprache benutzten, sich also verständigen konnten, und die demselben Kulturkreis entstammten (die pfälzische Heimat der Migranten war gerade mal 250 Kilometer entfernt) – und dennoch haben sie jahrhundertelang nebeneinanderher gelebt.

Eine Erklärung ist sicherlich, dass in der Praxis der sprachliche Abstand zwischen den pfälzischen Migranten und ihren niederrheinischen Nachbarn weitaus größer war, als sich das moderne Rheinländerinnen und Rheinländer heute vorstellen können. Als die ersten pfälzischen Siedler 1742 die Gocher

Heide erreichten, sprachen weder sie noch ihre neuen Nachbarn irgendeine Form von Hochdeutsch. Ihre einzige Sprache war der Dialekt, hier die rheinfränkische Mundart der Region um Bad Kreuznach, dort die niederfränkische oder kleverländische Mundart des nördlichen Niederrheins. Diese Dialekte markieren die beiden extremen Enden des berühmten »Rheinischen Fächers«, der das Rheinland zu einer der interessantesten Sprachlandschaften überhaupt macht, weil sich hier die größte sprachliche Vielfalt auf engstem Raum beobachten lässt. Noch heute könnten sich, wenn es sie denn gäbe, nur Dialekt sprechende Bauern aus Kleve mit ihren Kollegen aus Aachen oder gar Prüm nur schwer verständigen; umso größer dürften die Kommunikationsprobleme der ersten pfälzischen Siedler gewesen sein. Hinzu kommt, dass die niederrheinischen Bauern, wenn sie denn gezwungen waren, anders als in ihrer Mundart zu reden, zum Beispiel mit Behörden, eher Niederländisch sprachen, das bis in das 19. Jahrhundert die gebräuchliche Standardsprache der Region war.

Aber dass die Sprache selbst nicht die eigentliche Ursache für die lang anhaltende Isolation der pfälzischen Sprachinsel war, zeigt die Entwicklung der Tochterkolonie bei Aurich in Plaggendorf. In dieses Moorgebiet waren um 1780 mehrere Familien aus den niederrheinischen Pfälzerdörfern weitergezogen, weil sie der Armut des ihnen aufgezwungenen Asyls am Niederrhein entkommen wollten. Um 1800 war diese »Moorkolonie« schon auf drei Dörfer angewachsen, von denen eines ebenfalls Pfalzdorf hieß (und noch heute ein Ortsteil von Aurich ist). Doch obwohl hier in Ostfriesland die sprachliche Situation durchaus mit der am Niederrhein vergleichbar ist, hat sich in Aurich nie eine pfälzische Sprachinsel ausgebildet, im Gegenteil haben die pfälzischen Siedler sehr schnell ihren Dialekt aufgegeben und die örtlichen Sprachgewohnheiten übernommen.[57]

Die ersten pfälzischen Siedler, die 1742 in der Gocher Heide bei Kalkar ansässig wurden, waren nach heutiger, meist abfällig gemeinter Diktion Wirtschafts- oder Armutsmigranten: »Die Pfalz war im 18. Jahrhundert in wirtschaftlicher Hinsicht auf Grund der innen- und außenpolitischen Situation ein stark herabgewirtschafteter Staat.«[58] Nach den Verwüstungen infolge der französischen Kriege und des Spanischen wie auch des Österreichischen Erbfolgekriegs war die Auswanderung für viele Einwohner oftmals der letzte Ausweg. Hinzu kam die Rekatholisierung unter dem Pfalzgrafen Karl Philipp, die viele Protestanten ins Ausland trieb, wo sie als *Palatines* schließlich sogar zum Synonym für deutsche Auswanderer wurden. So weit gelangten die Gründer der niederrheinischen Kolonie allerdings gar nicht erst. Auf ihrer geplanten Reise vom Hunsrück in die Vereinigten Staaten wurden sie schon an der niederländischen Grenze bei Schenkenschanz abgewiesen, weil sie keinen gültigen Überfahrtskontrakt vorweisen konnten. Damit wurden sie, wie heutige »Armutsflüchtlinge« auch, zu einem Problem für die Behörden, die sie irgendwo unterbringen mussten. Schließlich wurde den neunzehn Familien die Gocher Heide als Siedlungsgebiet zugeteilt, das sie urbar machen und neu bebauen durften. Allerdings hatte sich »nicht umsonst […] bis fast zur Mitte des 18. Jahrhunderts niemand auf dem Gebiet der Gocher Heide ansiedeln wollen«,[59] weil der Sandboden auch mit Einsatz großer Düngermengen kaum fruchtbar zu machen war. Da die frühen Pfälzer Siedler weder Geld für den Dünger noch Tiere zur Bewirtschaftung und die natürliche Düngerproduktion besaßen, waren ihre Lebensumstände in den ersten Jahrzehnten so ärmlich, dass Familien der folgenden Generationen die Heide wieder verließen und nach Ostfriesland auswanderten (wo sie allerdings von der trockenen Heide ins nasse Moor kamen). Außerdem waren die zugewiesenen Parzellen, vor allem im Vergleich mit denen

der eingesessenen niederrheinischen Bauern, sehr klein und konnten eine Familie kaum ernähren.

Dennoch wuchs die Kolonie bis 1777 auf 103 Familien an, 1820 beziehungsweise 1827 mussten die Tochterdörfer Louisendorf und Neulouisendorf besiedelt werden, weil Pfalzdorf selbst zu klein geworden war. Wenn das auf den ersten Blick auf eine erfolgreiche Migrationsgeschichte schließen lässt, zeigt sich bei genauerer Analyse der Entwicklung, dass sich an der wirtschaftlichen Situation der pfälzischen Siedler bis in die 1850er-Jahre kaum etwas änderte. So waren sie zum Beispiel nie in der Lage, die fälligen Erbpachtgelder zu entrichten, und zwischen 1850 und 1870 wanderten sogar noch zahlreiche Familien endgültig nach Amerika aus.[60] Hier liegt eine der Wurzeln für das langlebige Inseldasein der Pfälzer am Niederrhein: Sie waren arm, auf den ihnen zugeteilten kargen Boden beschränkt und deshalb sozial isoliert. Und obwohl sie kinderreicher als ihre niederrheinischen Nachbarn waren, haben sie diesem Druck nicht nachgeben können und bis zum Jahr 1900 praktisch nur innerhalb ihrer Gruppe geheiratet. Dazu kamen die konfessionellen Unterschiede. Die pfälzischen Siedler waren nicht nur Armuts-, sondern auch Religionsmigranten, die vor dem wachsenden Rekatholisierungsdruck in ihrer Heimat geflohen waren – und nun hatte sie der Zufall in eine zutiefst katholische Region verschlagen. Sie waren zwar deshalb keinen Repressalien ausgesetzt, aber schon allein konfessionell gebundene Schulen und die Unmöglichkeit interkonfessioneller Heiraten verstärkten die Isolation der Pfälzerdörfer zusätzlich.

Wenn heute, über 250 Jahre nach ihrer Gründung, in der pfälzischen Kolonie am Niederrhein immer noch Pfälzisch gesprochen wird, so ist das sicher ein Beleg für das Beharrungsvermögen und den Fleiß ihrer Siedler, die stolz an ihrer Sprache und ihren Bräuchen festhalten. Es ist gleichzeitig aber

auch ein Hinweis darauf, dass diese Binnensprachinsel im Prinzip auf Ausgrenzung und Stigmatisierung gründet, denn sonst würde sie nicht mehr existieren. So interessant die Pfälzer am Niederrhein heute aus sprachwissenschaftlicher und auch folkloristischer Perspektive sind, so zeugen sie doch auch davon, dass selbst binnendeutsche Migranten nicht vor dem typischen Migrantenschicksal gefeit sind.

Dass es auch anders ausgehen kann, beweist die zweite Binnensprachinsel im Rheinland in Düsseldorf-Gerresheim, die heute praktisch verschwunden ist und nur wenige Spuren im Bewusstsein der Rheinländer und sogar der Düsseldorfer hinterlassen hat. Hier war ab 1875 ein Stadtteil entstanden, der von Migranten aus Brandenburg, Pommern und Ost- und Westpreußen besiedelt wurde. Es waren Glasbläser mit ihren Familien, die von der 1864 gegründeten Gerresheimer Glashütte aus den deutschen Ostgebieten angeworben worden waren. Sie waren also keine Arbeitsmigranten, die der Not gehorchend ihre Heimat verlassen mussten, sondern hoch qualifizierte Facharbeiter, die einem Angebot gefolgt waren.

Die Heyesche Glashütte war ein perfekt nach Maßgabe von Rohstoffsituation und Nachfrage geplantes Werk, das zwischen 1880 und 1890 einen beispiellosen Boom erlebte. Bis dahin waren Bier, Wein und Mineralwässer, wie schon seit dem Mittelalter, nahezu ausschließlich in Fässern, Kannen und Tonkrügen abgefüllt worden. Das nun mit der Einführung des obergärigen Brauverfahrens einsetzende Flaschenbiergeschäft, die modisch gewordenen Mineral- und Selterswässer und die Flaschenabfüllung von Qualitätsweinen ließen den Absatzmarkt seit 1870 geradezu explodieren. Wurden um 1880 immerhin schon 14 Millionen Flaschen in Gerresheim produziert, so waren es 1890 über 47 Millionen. Die Fabrik war damit in kaum zwanzig Jahren die größte Flaschenhütte der Welt geworden.

Die Rede ist von mundgeblasenen Flaschen. Da das Rheinland nun nicht gerade wegen seiner Glasbläsertradition bekannt ist, war bald der Facharbeitermangel das größte logisti-
sche Problem des Aufschwungs. Gelöst wurde es durch gezielte
An- oder besser Abwerbekampagnen in den vielen kleinen
Landglashütten vorrangig östlich der Elbe, deren Facharbeiter schon immer als wanderlustige Gesellen galten, weil sie
es gewohnt waren, den kurzlebigen Produktionsanlagen nach
der Ausbeutung der Holzkohlevorräte hinterherzuziehen. Sie
wurden mit komfortablen Werkswohnungen gelockt, die in der
sogenannten Hüttensiedlung um die Glashütte herum entstanden. Die waren, gemessen an den üblichen Wohnverhältnissen,
äußerst großzügig angelegt und wiesen die typischen Besonderheiten der Glasmacherhäuser auf: eine Dunkelkammer für die
Schichtarbeiter, schlösserlose Haustüren für die Schichtkuriere,
Wasser- und Gasanschlüsse, Möglichkeiten zur Viehhaltung
(um 1894 wurden über 800 Schweine gehalten), gemeinsame
Back- und Räucherhäuser und werkseigene Wohlfahrtseinrich-
tungen. Das Gerresheimer Hüttenviertel, in dem im Jahr 1902
etwa 5000 Menschen lebten, war eine eigene kleine Welt, deren
Bewohner völlig autark und unabhängig von ihrer Umgebung
lebten.

Die Glasbläser hatten es schon früh verstanden, einen
gleichsam »zünftigen Kastengeist« zu entwickeln, indem sie
die Ausbildung so organisierten, dass es Außenstehenden
praktisch unmöglich war, den Glasmacherberuf zu erlernen.
Daraus hatte sich ein starkes Standesbewusstsein abgeleitet,
das Privilegien einforderte und auch erwirkte. So galt »in
der Glasbranche mietfreies Wohnen lange Zeit quasi als Ge-
wohnheitsrecht«.[61] Die Verbundenheit der Gerresheimer Glas-
macherfamilien zeigte sich auch im Heiratsverhalten, das Ehen
innerhalb der Kolonie favorisierte. Die Hött, wie die Bewohner
ihr Hüttenviertel nannten, hatte auch ein eigene Sprache, das

»Hötter Platt«, das sich deutlich von Düsseldorfer oder Gerresheimer Platt unterschied. Es war eine Mischung aus allen niederdeutschen Mundarten, die in den Heimatregionen der Glasbläser östlich der Elbe gesprochen wurden. Sie klang etwa so: »*Jo, Heye hät sine Glasmoker överall tosamen söken mötten, un wenn he wecke funn'n hat, denn moßt he doför sorgen, datt se em nich werra lopen gohn sind. Glasmoker wärn nich sehr bestännich; se hämm ehre Stell oft wechselt. Dowegen hat Heye sine Lütt nich bloß got bezohlt, sonnern he is ock gleich begohn un hät Wohnongen baut, wo se ömsöß drin läbn kunn'n.*«[62] Die meisten Merkmale dieses Inseldialekts verweisen auf die Uckermark und Mittelpommern, die Heimatregion der ersten Glasbläsergeneration in Gerresheim.

Die beiden Binnensprachinseln im Rheinland sind also durchaus vergleichbar: Sie sind beide durch den Zuzug »Deutsch« sprechender Migranten entstanden, sie waren relativ abgeschottet gegenüber ihren Nachbarn (Stichwort Heiratsverhalten) und hatten einen eigenen, stark vom Rheinischen abweichenden Dialekt. Der große Unterschied ist jedoch offensichtlich: Den Pfälzer Migranten ging es deutlich schlechter, den eingewanderten Glasbläsern dagegen deutlich besser als ihrer Umgebung. Dass in beiden Fällen eine kleine Minderheit von Migranten über einen langen Zeitraum an ihrer überkommenen Sprache festgehalten hat, ist so zwar ein Indiz für fehlende Integration oder sogar völlige Isolation, jedoch nicht für einen Mangel an sich. Die Hötter Glasbläser jedenfalls haben über siebzig Jahre in ihrer – sprachlichen – Isolation sehr *kommod*, wie man im Rheinland sagt, gelebt und haben ihr Inseldasein nur unfreiwillig aufgegeben, als nach dem Zweiten Weltkrieg die maschinelle Flaschenproduktion die manuelle Glasbläserei überflüssig machte. Der Inseldialekt hat diesen industriellen Wandel keine zehn Jahre überlebt.

## Die Sprache der Arbeiter

»Das Ruhrgebiet ist Ballungsraum und Schmelztiegel – immer schon gewesen. Menschen aus aller Herren Länder haben hier seit mehr als einem Jahrhundert Arbeit gefunden – und sie sind heimisch geworden. Mitgebracht haben sie auch ihre Sprache, und so entstand schnell *aufm Pütt* (Zeche) und *inne Kollonie* (der dazugehörigen Siedlung) eine für alle verständliche Umgangssprache – schließlich musste man sich ja im *Konsum* [...] verständlich machen können. Entstanden ist etwas, das sich jeder präzisen Beschreibung durch die Sprachwissenschaft entzieht. Eigentlich ist es kein Dialekt, sondern eher eine Mischung, die manche unter dem Begriff *Ruhrdeutsch* zusammenziehen. Die Einwanderer aus Ostpreußen, Polen und anderen Ländern trugen Begriffe und Aussprache genauso bei wie die Ureinwohner – in Duisburg sind niederrheinische, in Dortmund münsterländische Einflüsse deutlich (die berühmte ›ne/woll-Grenze‹) zu hören [...].«[63] Besser als in diesem Zitat lassen sich die weitverbreiteten Mythen zum Ruhrdeutschen nicht zusammenfassen.

Worum geht es? Das sogenannte Ruhrdeutsche ist, neben dem Berlinischen, die einzige umgangssprachliche Varietät im deutschen Sprachraum, die sich nach dem Verlust der Dialekte als Regionalsprache im Bewusstsein ihrer Sprecherinnen und Sprecher etabliert hat. Überall sonst sind mit regionaltypischen Sprachformen (Rheinisch, Münsterländisch, Westfälisch) immer Dialekte gemeint, auch wenn sie kaum noch gesprochen werden. Das Ruhrdeutsche und das Berlinische werden von ihren Sprechern also durchaus zu Recht als etwas Besonderes wahrgenommen, damit jedoch auch häufig verklärt oder mit Legenden verwoben.

Das »Besondere« dieser beiden Regiolekte, wie Regionalsprachen in der Wissenschaft genannt werden, ist leicht zu er-

klären. Sowohl das Ruhrgebiet als auch die Flächenstadt Berlin entwickelten sich in der zweiten Hälfte des 19. Jahrhunderts in kurzer Zeit zu großen Ballungszentren, die einen permanenten Sog auf Migranten aus vielen unterschiedlichen Gebieten ausübten. Damit wurden die alten, örtlichen Mundarten schnell zu Kommunikationsbarrieren, weil sie von großen Teilen der neuen Bevölkerung nicht mehr verstanden und erlernt wurden. Im Westen des Ruhrgebiets waren es die niederfränkischen, im Osten die westfälischen Dialekte, die deshalb in kurzer Zeit zuerst aus dem öffentlichen Raum, vor allem den Bergwerken und Fabriken, und später auch aus dem privaten Raum verschwanden, lange bevor im Rheinland auch auf dem platten Land der Dialektverlust einsetzte.[64] Übrig blieben nur die regionalen Sprachmerkmale, die nicht zu Kommunikationsproblemen und Missverständnissen führten. Das sind in der Regel bestimmte Laute und grammatische Eigenarten. Sind es in Berlin beispielsweise das berühmte Pronomen *icke* (ich) und das anlautende *j* (wie in *alle juuten Jeister*), so gelten als typisch für das Ruhrgebiet das fehlende *r* (*Baat* [Bart], *Kiache* [Kirche], *Heazken* [Herzchen], *hömma* [hör mal]), *ch* im Auslaut (*Weech* [Weg], *Zoich* [Zeug], *Saach* [Sarg]), der kurze Vokal in *Tach* (Tag), *Zuch* (Zug), *Jochuat* (Joghurt), die Verkleinerungsendung *-ken* in *bisken* (bisschen), *Dierken* (Tierchen), *Pinneken* (kleines Schnapsglas), das unverschobene *t* in *dat*, *wat* und *et* oder der Einheitskasus für Dativ und Akkusativ: *komma bei mich*, *merk dich dat*, *die war dat piepegal*. All diese Merkmale gehen auf die alten, heute verschwundenen Mundarten zurück, ohne dass dies den Menschen überhaupt noch bewusst ist. Aus den lokalen Dialekten ist also eine regionale Ausgleichssprache entstanden, die, indem sie die ehemals vielen kleinräumigen Unterschiede nivelliert und den mundartlichen Wortschatz nahezu eliminiert hat, zu einer neuen, von allen Einwohnern des Ruhrgebiets verstandenen Verkehrssprache geworden ist.

Damit ist auch der eingangs zitierte Topos vom sprachlichen Melting Pot Ruhrgebiet relativiert. Das Ruhrdeutsche ist eine regionale Umgangssprache mit Merkmalen der alten lokalen Dialekte, andere Einflüsse sind kaum zu finden. Die Vorstellung, dass sich im Ruhrgebiet aus der Sprache der einheimischen Bevölkerung, dem Slawischen der vielen Migranten aus Ostpreußen, Pommern und Schlesien und der Fachsprache der Bergleute so etwas wie eine alle Vorurteile und soziale oder sprachliche Schranken überwindende neue Gemeinsprache herausgebildet habe, ist allenfalls ein romantischer Wunschtraum, der mit der Wirklichkeit im *Pott* nichts zu tun hatte und hat. Das Gegenteil ist sogar der Fall.

Dass man heute nur noch sehr wenige »polnische« Spuren im Ruhrdeutschen findet, hat seinen Grund: Polnische Einflüsse auf das Ruhrdeutsche hat es nur in äußerst geringem Maß gegeben. Waren es um 1920 bei Erhebungen noch etwa zwölf polnische Lehnwörter, die die Menschen im Pott benennen konnten (wobei über den tatsächlichen Sprachgebrauch nichts gesagt ist), kennt man hier heute nur noch *Mattka* und *Mottek*, wobei das erste heute bezeichnenderweise als *polnische Mattka* ein Schimpfwort für vermummte Türkinnen ist und das zweite jungen Ruhrgebietlern schon nichts mehr sagt, obwohl es eigentlich als Schlüsselwort für das Ruhrdeutsche gilt.[65] Allenfalls ältere Bergleute im *Pott* können heute noch den Spottvers *Und is sich Kammrat flaißig, so kricht sich drei Mark dreißig, und is sich Kammrad faul, so kricht sich wat auf Maul* zitieren, der das gebrochene Deutsch der polnischen Migranten karikieren soll.[66] Diese Beispiele sind eher als sprachliche Diskriminierung zu deuten denn als Zeichen von Integration. Nimmt man dazu noch das Wort *Pollack*, das noch bei Annette von Droste-Hülshoff eine völlig neutrale Bezeichnung war und erst um 1900 im Ruhrgebiet zu einem Schimpfwort für Migranten aus dem Osten wurde, dann re

lativiert sich das Bild vom Ruhrdeutschen als integrativem Sprachgemenge vollends.

Für diese sprachliche Diskriminierung gibt es noch ein anderes Indiz. Wenn der in Duisburg ermittelnde berühmteste aller *Tatort*-Kommissare Schimanski heißt, ist das sicher kein Zufall, sondern eine Bestätigung des allgemeinen Wissens, dass im Ruhrgebiet weitaus mehr Menschen als anderswo slawische Familiennamen tragen. Mit »polnischen« Namen wie Cervinski (wie der berühmte »Kumpel Anton« mit Nachnamen heißt), Polaczek, Kasperczyk, Malinovski, Kuzorra, Szepan oder Tilkowski wurden und werden hier in erster Linie »Bergmann« und »Fußballspieler« assoziiert.[67] Diese Stigmatisierung lässt auf der anderen Seite vermuten, dass ein slawischer Familienname einer Karriereplanung außerhalb der Bundesliga, zumindest in der Vergangenheit, nicht unbedingt förderlich war. Zu dieser Schlussfolgerung sind offensichtlich auch viele der Migranten aus Polen und Masuren gelangt. Anders lässt sich nicht erklären, dass bis 1937 etwa 240 000 der 800 000 ostdeutschen Zuwanderer ihren Namen behördlich ändern ließen.[68] Sie haben ihre Familiennamen so eingedeutscht, dass ihnen die slawische Herkunft nicht mehr anzusehen ist: Mojzysz – Meusisch, Puzyck – Putzig, Wilczewski (von poln. *wilzek* [Wölflein]) – Wolf, Owsianowski (von poln. *owsiany* [Hafer]) – Havermann, Wachowiak – Wachner, Klutschatschka – Kluge, Stawinski – Stahl, Swiniecki – Sander. Selbst nach dem Zweiten Weltkrieg sind diese behördlichen Namensänderungen weitergegangen. So weiß man, dass beispielsweise in Recklinghausen zwischen 1946 und 1969 noch insgesamt 270 Änderungen genehmigt worden sind.[69] Heute leben also mehrere hunderttausend Bewohner des Ruhrgebiets mit solchen geänderten Familiennamen. Der berühmteste von ihnen war sicherlich Hans Matthöfer, dessen Vater Johann seinen Namen kurz nach der Eheschließung hatte eindeutschen las-

sen.[70] Ob auch ein Hans Maciejewski in den 1970er-Jahren mehrfacher Bundesminister hätte werden können, darüber lässt sich jedoch nur spekulieren.

Zum Topos des sprachlichen Schmelztiegels Ruhrgebiet gehört auch die Behauptung, dass das Ruhrdeutsche stark durch die Fachsprache der Bergleute geprägt sei – was auch wieder für die Offenheit und Integrationsbereitschaft der Menschen im *Pott* spräche, deren proletarische Solidarität sich sogar in der Sprache spiegelt. Befragt man das berühmte Wörterbuch *Hömma!* von Claus Sprick, scheint sich der Eindruck zu bestätigen. Dort werden nicht weniger als 96 Wörter gelistet, die einen fachsprachlichen Hintergrund haben.[71] Doch schaut man sich die Verwendung dieser Begriffe genauer an, so wird schnell deutlich, dass sie ihre fachsprachliche Domäne nie verlassen haben. Sie mögen vielleicht im Ruhrgebiet bekannt sein und auch verstanden werden, sie gehören jedoch nicht zum aktiven Alltagswortschatz der Region. Allenfalls fünf dieser Wörter sind in übertragenem Sinn gebräuchlich: *Gezähe*, eigentlich das Werkzeug des Bergmanns, als Besteck; *Hängen* als Kommando im Bergbau in *Hängen im Schacht* für »dumm dastehen«; *Knappschuss*, eigentlich Sprengung mit geringer Bohrtiefe, als *Knappschuss haben* »nicht richtig im Kopf sein«; *Stempel*, eigentlich Stützen im Streb, hier »dicke Beine«; *Sohle*, in der Wendung *aus der siebten Sohle holen* im Sinne von »aus voller Lunge husten«. Auch wenn man dazu noch den *Pütt* mit seinen Ableitungen *Püttmann* und *Püttrologe* sowie die legendären *Mutterklötzkes*[72] rechnet, die aber eigentlich gar keine Fachbegriffe sind, kann man kaum von einem Einfluss der Bergbausprache auf die Umgangssprache im *Pott* reden. Das bestätigt auch ein Blick in das umfangreiche Wörterbuch *Bergmannssprache im Ruhrrevier*,[73] denn keines der vielen dort dokumentierten Fachwörter hat den Weg in die Alltagssprache gefunden. So bleibt als Fazit nur zu konstatieren: Das

Ruhrdeutsche ist zwar ein einzigartiger und für die Region sehr charakteristischer Regiolekt, es ist jedoch weder ein Abbild der Sprachen der vielen Migranten, ob sie nun vor einhundert Jahren aus dem Osten kamen oder in den 1970er-Jahren aus dem Mittelmeerraum eingewandert sind, noch der Fachsprachen der für die Region so typischen Schwerindustrie oder des Bergbaus.

Eine Anmerkung noch: Das Polnische hat schließlich doch noch eine – späte – Spur im Ruhrdeutschen hinterlassen. Die findet sich in Wörtern wie *Pinnorek*, *Platzek*, *Pastek*, *Schirrek*, *Fusek*, *Gronnek*, *Lellek*, *Oschek*, *Dullek*, *Jantek*, *Plottek*, *Schittek*, *Ipschek* oder *Zinnek*,[74] die man nur im Ruhrgebiet kennt und versteht. Diese Begriffe sind Spielformen mit der vermeintlich polnischen Endung *-ek*, die man von polnischen Familiennamen (Polaczek) und dem ruhrdeutschen Schlüsselwort *Mottek* (ein echtes polnisches Lehnwort mit der Bedeutung »Hammer«) kennt. Damit kann jedes Wort künstlich »polonisiert« werden, ohne den Sinn zu verändern. So wird aus dem *Schirri* (Schiedsrichter) der *Schirrek*, aus dem Fußball der *Fusek*, aus der mundartlichen *Plotte* (kleines Messer) der *Plottek*, und sogar aus dem Wort Klappkarre kann ein *Klappkarrek* entstehen. Die Wortbildung ist weiterhin produktiv, wie das Wort *Asek* (aus *Asi* [Asozialer]) zeigt. Diese bewusste, ironisierende Anspielung der ruhrdeutschen Sprachgemeinschaft auf ihre eigenen Sprachmythen ist sicher ungewöhnlich und ohne Beispiel. Sie ist jedoch auch kein Beispiel für einen direkten Einfluss der slawischen Migrantensprachen auf das Ruhrdeutsche.

## Das Französische

Mit den Fremdwörtern ist das so eine Sache. Die meisten hassen sie, manche lieben sie. Der Hass richtet sich meist gegen die vielen modernen Anglizismen, die für den Untergang der deutschen Sprache verantwortlich gemacht werden, von dem – angeblichen – Einfluss der Sprache türkischer Migranten in der Jugendsprache der Großstädte gar nicht zu reden. Eine geradezu liebevolle Aufmerksamkeit erfahren dagegen die Französismen in den Dialekten und der Umgangssprache, die als interessante Bereicherung der eigenen Sprache erlebt werden.

Worum geht es? Für jemanden, der sich mit Dialekten und Regionalsprachen befasst, ist die Begeisterung der Dialektsprecher für französische Lehnwörter besonders auffällig. In nahezu jedem rheinischen Mundartwörterbuch wird auf die jeweiligen Französismen ausdrücklich aufmerksam gemacht, und in vielen Heimatkalendern und landeskundlichen Publikationen finden sich immer wieder lange Listen mit angeblich typischen französischen Lehnwörtern in der Region. Sogar die Tagespresse greift dieses Thema regelmäßig auf und veröffentlicht Etymologien, die auf den romanischen Ursprung regionaltypischer Wörter hinweisen.

Diese Begeisterung für Französismen ist dabei nicht auf das Rheinland beschränkt. Auch in Berlin, in Baden, in der Pfalz oder im Saarland fehlen solche Listen nie, wenn es um die regionale Sprache geht. So streiten bei einem der berühmtesten »Lehnwörter« gleich mehrere Regionen um die Ehre, die eigentliche Heimat der *Fisematenten* zu sein. Deshalb waren es auch napoleonische Soldaten in Hamburg, in Berlin, in Köln und im Saarland, die mit dem später verballhornten Ruf *Visitez ma tente* die deutschen Mädchen in ihre Zelte lockten.[75]

Woher kommt diese Liebe zu französischen Lehnwörtern bei gleichzeitiger Anglizismen-Phobie? Die Erklärung ist

ganz einfach. Das Englische ist heute allgegenwärtig, englische Lehnwörter sind aus der technikaffinen modernen Welt nicht mehr wegzudenken, in der Werbung herrschen die Anglizismen, und die englische Sprache scheint auf dem Weg zur Lingua franca in Europa, sodass es kaum verwundert, wenn Sprachvereine, Deutschlehrer und Leserbriefschreiber den Untergang der deutschen Sprache erfahren. Dagegen geht vom Französischen keinerlei Gefahr aus, französische Fremdwörter werden nicht wie ihre englischen Pendants als Bedrohung der deutschen Sprache erlebt, sondern als Zeugen gemeinsamer Kultur und Geschichte verstanden. Das war allerdings schon einmal ganz anders. Jahrhundertelang, seit dem Mittelalter, war die französische Kultur die Leitkultur in Zentraleuropa, an der sich jeder und sei es noch so kleine und unbedeutende Hof im deutschsprachigen Raum orientierte. Vor allem im 17. Jahrhundert, als der französische Absolutismus seinen glanzvollen Höhepunkt erreichte, war das Französische oder zumindest ein mit Gallizismen durchsetztes Deutsch praktisch die Sprache der höheren Stände; es war die Zeit des Alamode-Stils, in der, frei nach Voltaire, nur die Soldaten mit ihren Pferden Deutsch sprachen.

Diese Mode übernahmen schließlich im 18. Jahrhundert auch die aufstrebenden bürgerlichen Kreise, die sich an der höfischen Kultur orientierten. Es war die Zeit, als solche Französismen wie *Trottewar*, *Babbeljöttche*, *dusmang*, *Ottekolong*, *tuttswitt* oder *Plümmo* Einzug nicht nur in die rheinische Umgangssprache hielten, und damit die Zeit, in der unweigerlich die Sprachpuristen auf den Plan gerufen wurden. Das Lamento des Malers Karl Wilhelm Kolbe, der für seine Verdienste als »Sprachreiniger« sogar promoviert wurde, könnte noch heute jeder moderne Fremdwortphobiker unterschreiben: »Wir Genügsamen heißen alles gut, was uns eben zugeschaufelt wird und so möchten wir leicht dahin kömmen, daß wir bald keine

Sprache mehr haben sondern nur ein wild zusammengewür-
feltes Kauderwelsch.«[76] Die zeitgenössischen Sprachreiniger
kamen jedoch nicht mehr dazu, drastische Maßnahmen zu
fordern, denn die Zeitläufte machten ihr Gejammere bald
gegenstandslos. Nach der Napoleonzeit hatte der bis dahin
frankophile deutsche Adel nichts mehr zu *kamellen*, wie man
im Rheinland französierend sagen würde, und das deutsche
Bürgertum besann sich auf seine nationalen Tugenden und
entdeckte den Erzfeind im Westen. Diese Gesinnung machte den französischen Lehnwörtern im Deutschen schnell den
Garaus. Unter dem Strich ist deshalb vom Französischen in der
rheinischen Umgangssprache wenig geblieben.[77] Lediglich die
rheinischen Mundarten haben eine ganze Reihe der ehemals
weitverbreiteten französischen Lehnwörter bewahrt, weshalb
sie nun als liebenswerte Exotismen von Mundartliebhabern ge-
hegt und gepflegt werden können. Sie sind, wie die Geschichte
gezeigt hat, keine Bedrohung für die deutsche Sprache, im Gegenteil wehren sich die modernen Franzosen bekanntlich ebenso heftig gegen Anglizismen wie ihre ehemaligen Erzfeinde.

Ob die Französismen in den Mundarten nun ein Indiz für
die mangelnde nationale Begeisterung auf dem platten Land
sind oder eher vom Beharrungsvermögen der Dialekte zeugen,
sei dahingestellt, auffällig ist jedenfalls der Stolz der Dialekt-
sprecherinnen und -sprecher auf diese Wörter als vermeintli-
che Relikte der »Franzosenzeit« am Rhein. Diese Herkunftsle-
gende ist sicherlich eine der hartnäckigsten Sprachmythen im
Rheinland. Ihre Entstehung ist allerdings leicht zu ergründen:
Die Beeinflussung oder auch Verfremdung einer Sprache wird
von ihren Sprecherinnen und Sprechern in aller Regel auf direkten Sprachkontakt zurückgeführt. Der wiederum fand nach
herrschender Ansicht in der langen Geschichte rheinisch-fran-
zösischer Nachbarschaft nur einmal statt: während der französischen Besatzungszeit von 1794 bis 1814. In diesen zwei

Jahrzehnten scheint, zumindest in der Vorstellung der Rheinländer,[78] die französische Lebensart eine treffliche Verbindung mit der rheinischen Offenheit und Lebenslust eingegangen zu sein. Hörbare Zeugnisse dieser Verbrüderung sind zum Beispiel die zwei berühmten französischen Lehnwörter mit ihren »erotischen« Konnotationen: die bereits erwähnten *Fisematenten* (verballhornt aus *Visitez ma tente*) und *Fisternöll* (verballhornt aus *fils a noël* [»Christkind«, wie die Kinder solcher erfolgreichen Verführungsmanöver genannt wurden]).

Nun hat die Franzosenzeit sicherlich zu einschneidenden Veränderungen im Rheinland geführt, der sprachliche und zwischenmenschliche Alltag ist von der französischen Besatzung jedoch kaum beeinflusst worden. Die Besatzungszeit war viel zu kurz, als dass die französische Sprachpolitik hätte Früchte tragen können. In den Primarschulen waren die Lehrer auch weiterhin froh, wenn sie ihren Schülerinnen und Schülern wenigstens ansatzweise so etwas wie »Hochdeutsch« beibringen konnten, ein Französischunterricht fand nicht statt. Auch zwischenmenschliche Kontakte zwischen Franzosen und Rheinländern waren eher selten, weil nur wenige hohe Verwaltungsfachleute in der Region verblieben. Die sprachen und schrieben zwar pflichtgemäß ausschließlich Französisch, aber ihre Anordnungen mussten für die untergebenen Instanzen ausnahmslos bis zum Ende der französischen Herrschaft am Rhein ins Deutsche übersetzt werden. So sind zwar aus der französischen Verwaltungssprache einige Fachbegriffe in die deutsche Amtssprache gelangt, nach dem Rückzug der Franzosen sind diese jedoch schnell wieder verschwunden.

So bleibt zu konstatieren: Nahezu alle Französismen in den rheinischen Mundarten und der rheinischen Umgangssprache sind bereits vor der Französischen Revolution entlehnt worden. Nahezu genauso ausnahmslos handelt es sich bei diesen Fremdwörtern um gesunkenes Kulturgut und nicht um das

Ergebnis von direktem sprachlichem Kontakt. Sie haben in ihrem Sprachreservat Mundart überleben können, weil sie dort nicht in das Visier von Sprachpflegern und Sprachpuristen geraten sind.

Auch spätere romanische Migranten haben sich nicht im Rheinischen verewigt. Im Rheinland und in Westfalen hatten schon vor dem Ersten Weltkrieg über 100 000 italienische Arbeitsmigranten meist auf dem Bau gearbeitet, bis sie nach 1920 als Angehörige eines »Volks von Verrätern« weggeekelt wurden.[79] Weder sie noch die italienischen Gastarbeiter aus den 1960er- und 1970er-Jahren können jedoch für solche Wörter wie *alles paletti*, *Remmidemmi*, *Apparillo*, *Casalla* oder *picobello* verantwortlich gemacht werden, weil sie gar keine italienischen Fremdwörter sind. Es handelt sich hier um Sprachspielereien, die nur den exotischen Anschein erwecken sollen. Kein Italiener kennt diese Wörter. Und auch die größte Migrantengruppe im Rheinland hat bis jetzt keine sprachlichen Spuren hinterlassen, wenn man vom *Döner* einmal absieht. Das Türkische ist zwar in der letzten Zeit in den Fokus von Sprachwissenschaftlern und Sprachkritikern geraten, weil Einflüsse in der Jugendsprache zu beobachten sind. Aber hier handelt es sich eben um genau das: um die Szenesprache junger Türken, die die Szenesprache junger Deutscher inspiriert. Nach aller Erfahrung bleiben solche Sprachformen jedoch in ihren angestammten Domänen, sie haben kaum Einfluss auf die allgemeine Umgangssprache und schon gar nicht auf das Standarddeutsche. Sie sind eine provozierende Sprachmode der Jugendkultur, die mit dem Erwachsenwerden ihre Bedeutung verliert – eine Sprachmode also wie das Französische ehedem auch.

## Sondersprachen

Nicht nur bei der speziellen Frage nach »Sprache und Migration«, auch beim übergreifenden Thema »Migration« spielen die Juden im Rheinland überraschenderweise kaum einmal eine Rolle, obwohl das aufgezwungene Migrantenleben in den Jahrhunderten seit dem Mittelalter geradezu ihr Schicksal gewesen ist. Auch eine andere Gruppe von »Permanentmigranten« wird in diesem Zusammenhang gerne übersehen: die Wandergewerbetreibenden, die als Rotwelschsprecher einen nicht zu überhörenden Einfluss auf die rheinischen Dialekte und Umgangssprachen hatten.

Worum geht es? Zwischen Jiddisch und Rotwelsch bestehen enge Verbindungen, auch wenn das eine eine voll ausgebildete Sprache, das andere nur ein spezieller Jargon ist. Die Gemeinsamkeiten erklären sich aus der Geschichte der beiden Sprechergemeinschaften. Das Jiddische als Sprache der aschkenasischen (also deutschen) Juden ist nichts weniger als der Idealtypus einer Migrantensprache, denn es ist nicht nur die Sprache der jüdischen Migranten im deutschen Sprachraum, sondern auch das Produkt des Migrantendaseins ihrer Sprecher selbst. Es ist eine Komponentensprache,[80] die sich aus den Quellsprachen speist, mit denen die jüdischen Migranten im Laufe der Geschichte ihrer Vertreibungen in Berührung gekommen sind.

Die Geschichte der Sprache, die wir heute als Jiddisch bezeichnen, begann vor rund elfhundert Jahren im rheinfränkischen Gebiet um die Städte Worms, Speyer und Mainz. In diese Region waren vorrangig Französisch sprechende Juden aus dem romanischen Raum eingewandert, die sich innerhalb weniger Generationen die dortige Umgangssprache, einen rheinfränkischen Dialekt, aneigneten. Allerdings blieb ihr Wortschatz deutlich durch ihre französische Vergangenheit

geprägt, wie noch heute die Mundartwörter *preien* (jemanden bitten) und *dormeln/dörmeln* (schlafen) illustrieren können, die die Menschen im südlichen Rheinland damals von den jüdischen Zuwanderern übernommen haben.[81] Dazu kommt als dritte Komponente das Hebräisch-Aramäische, das als »Sprache der Heiligkeit« zwar keine Rolle als gesprochene Sprache spielte, aber als Kultsprache in der Synagoge und als Sprache der heiligen Texte immer gegenwärtig war.

Wie die rheinischen Juden tatsächlich im Mittelalter gesprochen haben, wissen wir selbstverständlich genauso wenig, wie wir das von ihren Deutsch sprechenden Nachbarn wissen können, von denen wir auch nur die schriftsprachliche Überlieferung kennen. Allerdings belegen neueste Ausgrabungen im mittelalterlichen jüdischen Viertel in Köln, dass dessen damalige Bewohner zumindest sprachlich völlig in der Stadt integriert waren. Nach den dort gefundenen, auf Schiefertäfelchen – in hebräischer Schrift – eingeritzten Namenslisten hießen die jüdischen Kölner nicht anders als ihre christlichen Nachbarn, nämlich Vivelmann, Lyvermann, Duremann, Lippmann, Kruse und mit Vornamen Koppchen (hier lässt der kölsche *Köbes* grüßen), Bella, Gutchen oder Gotzalk.[82] Auch ein ebenfalls in hebräischer Schrift verfasster Text, das Fragment eines galanten Ritterromans, ist in einem für die Region typischen Spätmittelhochdeutsch geschrieben, das keine jiddischen Elemente aufweist.[83] All das lässt vermuten, dass die kölnischen Juden im mittelalterlichen Alltag Kölsch gesprochen haben.

Dieser Befund lässt sogar noch eine weitere Vermutung zu. Wahrscheinlich wäre es gar nicht zur Ausbildung des Jiddischen als einer eigenständigen Sprache gekommen, wären die Juden nicht nach den Pogromen in den Jahren 1348/49 erneut aus den Städten vertrieben und diese sprachliche Assimilation jäh unterbrochen worden. Nach 1400 begann das, was die Forschung heute als »›Atomisierung‹ des jüdischen Lebens« be-

zeichnet.[84] Ein großer Teil der jüdischen Bevölkerung wanderte aufgrund der Vertreibungen in den Osten nach Polen und in die Ukraine ab. Dort entstand in den folgenden Jahrhunderten unter dem Einfluss der neuen slawischen Umgebungssprachen das Ostjiddische, die Variante des Jiddischen, die wir heute neben dem Hebräischen als Sprache der Juden kennen.

Die im Rheinland verbliebenen Juden, deren Sprache jetzt zur Abgrenzung vom Ostjiddischen Westjiddisch genannt wird, sahen sich nun vielen Beschränkungen und Repressalien ausgesetzt. Die meisten rheinischen Städte verboten jüdische Ansiedlungen, »die Stadt Köln durften Juden nur tagsüber mit einer besonderen Erlaubnis des Rates sowie nach Entrichtung eines Entgeltes und nur in Begleitung eines Boten betreten«.[85] Diese rigide antijüdische Politik trieb viele Juden aufs platte Land, mit dramatischen Folgen für ihre Existenz, da die Landgemeinden nicht mehr in der Lage waren, die Armen zu unterstützen. »Letztere wurden von einer Gemeinde zur nächsten geschickt, wodurch sie ins Vagantendasein gedrängt wurden. Teilweise betrug der Anteil der Betteljuden 10 bis 25 % der jüdischen Bevölkerung im Reich.«[86] Sie wurden Teil des großen Heeres der Landfahrer, der Nichtsesshaften, die seit dem Mittelalter sogar so etwas wie eine eigene Sprache hatten, das Rotwelsche. Dieser gaunersprachliche Wortschatz wiederum erfuhr nun durch das Jiddische der Betteljuden eine so deutliche Ausweitung, dass die beiden Sprachformen von der nichtjüdischen Bevölkerung später oft nicht mehr unterschieden wurden.

Ähnliches erlebten auch die aus den Städten vertriebenen Juden, die auf dem Land sesshaft wurden. Diese Landjuden hatten auf den Dörfern mangels Landbesitz nur sehr eingeschränkte Möglichkeiten des Broterwerbs. Sie arbeiteten als Kopfschlächter, Viehhändler, Marktbeschicker und vor allem als Wanderhändler in Berufen, die noch heute einen eher zweifelhaften Ruf haben. War ihre Existenz so »von vornherein

statt auf Integration auf Separation hin ausgerichtet«,[87] verwundert es nicht, dass auch ihr Jiddisch, nicht zuletzt aufgrund
seines Komponentencharakters auf der Basis der rheinischen
Dialekte, ihren christlichen Nachbarn nicht als Fremdsprache
erschien, sondern in den Ruch einer Händlersprache oder sogar eines Geheimcodes kam. Deshalb sah sich noch 1924 der
Trierische Bauernverein bemüßigt, die Broschüre zur »Geheimsprache der Handelsleute« herauszugeben, die eingangs zitiert
worden ist.[88]

Nicht zuletzt dieser zweifelhafte Ruf hat schließlich auch
zum Verschwinden des Westjiddischen beigetragen. Im ausgehenden 18. Jahrhundert begann sich die wohlhabende jüdische
Mittelschicht zunehmend an der bürgerlichen Kultur und ihren
Bildungsidealen in Deutschland zu orientieren. Dazu gehörten auch die sichere Beherrschung des Hochdeutschen und die
damit einhergehende Diffamierung der Dialekte als Sprache
der Ungebildeten. Ähnlich wie ihre christlichen Nachbarn die
Mundarten, begannen »Juden ihre westjiddische Muttersprache zunehmend als schlechtes und verdorbenes Deutsch oder
als einen unkultivierten Jargon anzusehen«[89] und wechselten
in der Folge zum Standarddeutschen. Um 1850 hatten sie das
Jiddische als Umgangssprache völlig aufgegeben. Damit wurde
ihre *mame loschen*, wie sie ihre Muttersprache einst genannt
hatten, endgültig in eben die sprachlichen Nischen abgedrängt,
die zu ihrem schlechten Ruf beigetragen hatten. Als »Viehhändlersprache« konnte das Jiddische, wie die »Aufklärungs«-
Broschüre des Bauernverbands beweist, bis ins 20. Jahrhundert
überleben.

Doch trotz seines geringen Ansehens selbst bei den eigenen
Sprecherinnen und Sprechern und deren jahrhundertelanger
Ausgrenzung hat das Jiddische mehr hörbare Spuren in den
rheinischen Dialekten und der rheinischen Alltagssprache
hinterlassen als alle gallischen Winzer, napoleonischen Sol-

daten, italienischen Gastarbeiter oder polnischen Bergleute zusammen. In jeder Ortsmundart lassen sich leicht zwischen fünfzig und hundert Jiddismen nachweisen, die sich jeweils von Ort zu Ort unterscheiden. Die Stadt Bad Kreuznach trägt im Dialekt sogar den jiddischen Namen *Zelemochum*, wörtlich »Kreuzstadt«, und kennt in der Ortsmundart weit über hundert jiddische Lehnwörter. Den Vogel schießt der kleine ehemalige Händlerort Stotzheim bei Euskirchen ab, wo weit über zweihundert Jiddismen gezählt wurden. Dass dies keine Ausreißer waren, zeigt der Blick in andere Regionen. So verzeichnet das *Badische Wörterbuch* allein 1829 Hebräismen, die über das Jiddische in die Mundarten vermittelt wurden, und im *Pfälzischen Wörterbuch* sind 550 jiddische Lehnwörter gezählt worden.⁹⁰

Wie sind diese Wörter nun in die Mundarten gelangt? Als Antwort auf diese Frage wird man immer zuerst nach Möglichkeiten des direkten Sprachkontakts suchen. Bei dem oben beschriebenen Szenario kann der eigentlich nur auf dem platten Land zwischen den Bauern und Dorfbewohnern und den jüdischen Viehhändlern, Hausierern und Metzgern stattgefunden haben. Und in der Tat, analysiert man den mundartlichen Lehnwortschatz, so fallen auf den ersten Blick sehr viele Jiddismen auf, die sich direkt auf den Handel im Allgemeinen und den Viehhandel im Besonderen beziehen. Zur ersten Gruppe gehören zum Beispiel *Bachillem* (kleine Münze, Geld, zu jidd. *bechinnem* [umsonst]), *batteln/ausbatteln* (etwas ausbezahlen, zu jidd. *batteln* [sich etwas vom Hals schaffen]), *besohl* (billig), *Dalles* (Geldmangel, schlechte wirtschaftliche Lage, zu jidd. *dalles* [Armut]), *dibbern* (das Sprechen der Handelsleute), *jauker* (teuer), *Kaljes* (einen Kauf hintertreiben, zu jidd. *kalje machen* [verpfuschen]), *Kimeler* (Händler), *Kippe (machen)* (halbpart [machen]), *machulle* (bankrott, zu jidd. *mechulle* [bankrott]), *Massematten* (Handel, Geschäft), *meschulme* (be-

zahlen), *peiern* (Bankrott machen), *pleiten sen* (bankrott sein), *Rebbes* (Gewinn), *Reibach* (Profit, Gewinn), *schachern* (handeln, feilschen), *schauker* (minderwertig, zu jidd. *schauwe*), *schibes gehen* (bankrott gehen, fehlschlagen), *Schmul machen* (etwas unterschlagen, zum jüd. Namen Samuel), *Schmus machen* (eine Ware schönreden), *Schores* (vorteilhaftes Geschäft, zu jidd. *peschore* [Vergleich im Geschäft]), *schruzen* (nichts kaufen, kleinlich beim Einkauf sein, zu jidd. *schruze* [üble Kundin]), *Schuck* (Mark), *schucken* (wiegen, zu jidd. *schuck* [Geld]), *Tenef* (schlechte Ware), *Zasseras* (Provision, zu jidd. *sasserer* [Vermittler]); zur zweiten Gruppe gehören *Baheime/ Bahemmes* (Vieh, Kuh), *Bosert/Pohsem* (Fleisch, zu jidd. *boser* [Fleisch]), *Dippel* (Drehkrankheit des Viehs, zu jidd. *tippol* [Epilepsie]), *Kasser* (Schwein), *Katzuff/Katzoff* (Metzger), *Massick* (störrisches Vieh, zu jidd. *masik* [Dämon, Teufel]), *Mischkel* (Waage des Metzgers, eines der seltenen ostjidd. Wörter, aus *mishkoyles* [Gleichgewicht]), *pattisch* (trächtig), *roches* (verdorben [beim Fleisch]), *Schallef* (Metzgerlehrling), *Seibel* (Kot des Schweins, die Schleimhaut des Schweinedarms), *Susemchen* (Pferd, zu jidd. *zuss/zosse*), *Taufele* (Schindmähre), *treifer* (unreines Fleisch), *Zaumes* (Knochen, Beihau zum Fleisch) und *Bus* (Tuberkulose des Viehs).

Dieser unvollständige Auszug belegt den großen Einfluss der jiddischen Händlersprache im dörflichen Alltag des Rheinlands. Die Wörter waren keineswegs Exotismen, vielmehr belegt ihr oftmals ausdifferenziertes Bedeutungsspektrum, dass sie ihre ursprüngliche Domäne verlassen hatten und in den Dorfmundarten hoch frequent gewesen sein müssen. So ist *Dalles* in den rheinischen Mundarten ein Universalwort für jegliches Übel geworden; wenn man *den Dalles kricht*, ist man entweder arm, krank, betrunken oder schon fast tot. Selbst Gegenstände können den *Dalles haben* (dann sind sie kaputt), oder eine Arbeit *ist dalles* (minderwertig). In Mönchengladbach ist der

gefürchtete Gerichtsvollzieher ein *Dallesmännchen*. *Jauker* bedeutet zwar auch »teuer«, daneben aber »minderwertig«, »verdächtig«, »auf der Kippe« oder »wucherisch«. Das Wort war so verbreitet, dass es wohl für das rheinische *verjücken* Pate gestanden hat: *Der hat sein ganzes Geld verjückt* (verprasst). Und ein *Massick*, das in der Händlersprache für ein Nutztier steht, das wegen seines Verhaltens kaum zu gebrauchen ist, kann in den Mundarten alles Mögliche sein: ein gewalttätiger Bursche, ein widerspenstiger, fauler oder überspannter Mensch, ein Schlaumeier oder auch eine bösartige Frau. *Pattisch*, das im Jiddischen eigentlich nur auf das Vieh bezogen wird, ist in der Eifel ein ganz normales Synonym für »schwanger« geworden, und aus *Schmul* ist in den rheinischen Mundarten eine ganze Wortfamilie entstanden: *schmulen* (stibitzen), *Schmulgroschen* (Schwarzgeld), *Schmulhöttche* (Geldversteck), *Schmullebchen* (Schmeichler), *Schmulpöttschen* (Spardose).

Dass jiddische Wörter in den Mundarten ein eigenständiges Leben geführt haben, belegen auch andere Beispiele, die nicht der Fachsprache der Händler, sondern der Alltagssprache der Landjuden entstammen. Ein besonders sprechendes ist der *Schauter* oder *Schautermann* (zu jidd. *schaute/schote* [Narr]), den man auch aus der rheinischen Umgangssprache kennt. Es gibt ihn in vielen Lautvarianten als *Schoure*, *Schauden*, *Schouden*, *Schöden*, *Schoutchen* oder *Schouten* in den Bedeutungen »treuloser Mensch«, »Hinterhältiger«, »Dummkopf«, »harmloser Witzbold«, ein *jecke Schouten* ist ein Angeber, ein ausgelassenes Mädchen, ein tölpelhaftes Weib, ein Pferd, das nicht ziehen will, oder sogar der Vollmond. Dazu kommen die Komposita *Schautenberger*, *Schautenbinnes*, *Schautenkrämer*, *Schautenmächer*, *Schautenmanes* usw. Noch umfangreicher ist die Wortfamilie um den *Schabbes*, den jüdischen Ruhetag, der in seiner eigentlichen Bedeutung in allen rheinischen Dialekten bekannt, aber dann immer auf das Leben der Juden bezogen

ist. Interessanter sind die vielen zum Teil seltsamen Bedeutungen, die das Wort und seine Komposita im Rheinland auch haben können: ein ungesäuertes Brot, Gewinn, alter Hut, dummer Mensch; *Schabbesämpelchen* (schlecht brennende Lampe), *Schabbesbrötchen* (kleines minderwertiges Brot), *Schabbesdeckel* (Gebetbuch der Juden, alter Hut, Kinderkreisel), *Schabbesdüppen* (Kinderkreisel), *Schabbesgoje* oder *Schabbesmagd* (christliche Magd, eine [überflüssige] Frau zur Stütze der Hausfrau [Samstagsstundenfrau], eine Frau, die bei Vorgesetzten ihres Mannes umsonst arbeitet, um diesem Vorteile zu verschaffen), *Schabbesschmuser* (Schönredner), *Schabbesschnüsse* (jemand, der sinnloses Zeug schwätzt).

Viele Jiddismen finden sich sowohl in den rheinischen Dialekten als auch in der aktuellen rheinischen Umgangssprache. Beispiele dafür sind *betucht, dibbern* (palavern), *Ische, Kaff/Kaffer, Kahn* (Gefängnis), *kapores, Knast, Kohl* (Unsinn), *lau* (umsonst), *Macke/Mackes, malochen, Massel, mauscheln, meschugge, Mischpoke, Moos* (Geld), *Pleite machen, Reibach, Roches* (Zorn), *schachern, schäkern, schicker* (betrunken), *Schickse, Schlamassel, Schmu machen, Schmus, schofel, Geseier* (Geschwätz), *stiekum, Stuss, Tenef* oder *toffte*.[91] Allerdings haben fast alle dieser Lehnwörter in den Mundarten ein erweitertes oder sogar gänzlich anderes Bedeutungsspektrum, das in der Regel noch näher an der ursprünglichen Verwendung ist.

Viele dieser Lehnwörter dürften von den rheinischen Sprecherinnen und Sprechern, wenn auch nicht als Jiddismen, so doch immerhin als fremd erkannt werden. Für einige der hier genannten gilt das jedoch eher nicht, denkt man an *lau* (zu jidd. *lau* [nicht, auf keinen Fall]), *stiekum/stickum* (jidd. *stike* [Ruhe]), *Kohl* als Unsinn (zu jidd. *koll* [Stimme]) oder *Knast* (zu jidd. *kansen/knasen* [bestrafen]). Von solchen »versteckten« Jiddismen findet man in der aktuellen rheinischen Alltagssprache eine ganze Reihe. So gehen auf den *Kohl* als Unsinn

sowohl die Verben jemanden *be-* oder *verkohlen* (jemanden anschmieren, beschwindeln) als auch der mundartliche *Kappes* in der Wendung *Erzähl doch nich son Kappes* zurück, der diese Bedeutung erst nachträglich durch den Einfluss des jiddischen *Kohl* erhalten hat. Andere aus dem Jiddischen abzuleitende Wörter in der Alltagssprache sind *verratzt* (verrechnet, aufgeschmissen, zu jidd. *ratzen* [laufen], wörtlich also »verlaufen«), *Macke* im Kopf oder im Autolack (zu jidd. *macko*, Pl. *mackes* [Schläge, Prügel]), *ausgekocht* (mit allen Wassern gewaschen, zu jidd. *chochom* [weise, schlau]), *mauern* (sich zurückhalten, nicht mit der Wahrheit herausrücken, zu jidd. *mora* [Furcht]), *mosern* (meckern, sich beschweren, zu jidd. *massern* [denunzieren, verraten]), die ganze Wortfamilie um *vermiesen*, *mies*, *miesepetrig*, *Miese* auf dem Konto, *miesmachen* usw. – die nicht auf das französische *miserable* zurückgeht, wie im Rheinland oft zu lesen, sondern auf das jiddische *mis* (widerlich, schlecht) –, der *Großkotz* (unsympathischer Angeber, zu jidd. *kozen* [Vorsteher, Anführer der Gemeinde]) oder das Verb *schäkern* (flirten, nette Witze machen), das sich bezeichnenderweise vom jiddischen Wort *scheiker/schekker* für die »Lüge« ableitet.

Auch diese Liste ist bei Weitem nicht komplett, aber schon die wenigen Beispiele zeigen, wie stark die rheinischen Dialekte und Regiolekte vom Jiddischen beeinflusst worden sind. Allerdings lässt sich nicht immer mit Sicherheit entscheiden, ob ein Wort direkt aus dem Jiddischen entlehnt wurde oder über den Umweg des Rotwelschen in den rheinischen Wortschatz gelangt ist. Denn seit die Betteljuden im 16. Jahrhundert die »Gaunersprache« entscheidend mitgeprägt haben, sind die Vermittlungswege nicht mehr eindeutig zu bestimmen. Ob es nun rotwelsche Scherenschleifer, Korbmacher, Kesselflicker, Bürstenbinder, Mausefallenhändler, Wandermusikanten, Lumpenhändler und Hausierer oder aber jüdische Viehhändler, Metzger oder Wanderhändler waren, von denen die Menschen

im Rheinland die fremden Worte aufgeschnappt haben, ist heute nur schwer zu klären. Das gelingt nur bei solchen Lehnwörtern, die erkennbar keinen hebräischen oder jiddischen Hintergrund haben. Dazu gehören Begriffe wie *Kohldampf* (Hunger), *blechen* (bezahlen), jemanden *linken*, *Blüte* (Falschgeld), *Asche* (Geld), *pumpen* (borgen), *Kittchen* (Gefängnis), *schwarzfahren* (eigentlich: ohne Pass auf Wanderschaft sein), *Freier* (eigentlich: Opfer eines Betrugs), *Klinken putzen*, jemanden *verpfeifen*, *Walz* (Wanderschaft), jemandem *nicht grün sein* (grün als rotwelsche Bezeichnung für alles Gefährliche, man denke an die *grüne Minna*), *Draht* (Geld), *Gummizelle*, *pennen*, *schwedische Gardinen*, *auf die Rolle gehen*, *Riecher* (Nase), *verschütt gehen* (hat nichts mit verschütteten Bergleuten zu tun, sondern geht auf niederdeutsches *schutten/schütten* [einsperren, pfänden] zurück), *Schmiere stehen*, *Zinken* (Zeichen) oder *Fleppe* (Ausweis).

Es ist erstaunlich, dass all diese Wörter das sprachliche Erbe von Migranten sind, die noch weit mehr als die jüdischen Viehhändler oder Hausierer unter Ausgrenzung und sozialer Diskriminierung zu leiden hatten. Die Rotwelschsprecher führten als Angehörige von ambulanten Berufen ein Leben als Dauermigranten. Als »fahrendes Volk« hatten sie einen denkbar schlechten Ruf – und waren doch für die Versorgung des ländlichen Raums von heute kaum vorstellbarer Bedeutung. Nahezu alle Waren für den täglichen Bedarf, abgesehen von den Grundnahrungsmitteln, bis hin zu Käse und Fisch bezog die bäuerliche Bevölkerung von ambulanten Händlern; dazu kamen diverse von durchziehenden Wanderhandwerkern angebotene Dienstleistungen. Rotwelschsprecher waren auf dem Land also omnipräsent, die Menschen auf dem platten Land hatten täglich mit ihnen zu tun. Und selbst aus den rheinischen Städten waren sie nicht wegzudenken, nicht von ungefähr waren die Gründer solch großer Modekaufhäuser wie Hettlage,

Boecker oder C&A Rotwelsch sprechende Tuchwarenhausierer, die die ständigen Restriktionen leid waren und in den großen Städten sesshaft wurden. Auch die meisten der Ton- und Porzellanwarenhandlungen in rheinischen Städten wurden von Wanderhändlern gegründet, die bis dahin mit ihren Familien in Holzkarren gelebt hatten.

Rotwelsch und Jiddisch sind wohl die beiden Migrantensprachen, die den größten nachweisbaren Einfluss auf die rheinischen Dialekte und die Alltagssprache hatten. Und doch spielen sie im kollektiven Sprachbewusstsein nur eine untergeordnete Rolle, obwohl ihre Lehnwörter, anders als die viel zitierten französischen Modewörter wie *Paraplü*, *Trottewar*, *Perrong* und *Fernüs*, nicht in der sprachlichen Versenkung verschwunden, sondern immer noch tagtäglich zu hören sind. Warum ist man im Melting Pot Rheinland nicht ebenso stolz auf jiddische wie auf gallische, französische oder niederländische Lehnwörter? Eine Antwort darauf muss notwendigerweise spekulativ bleiben und fällt nicht in den sprachwissenschaftlichen Kompetenzbereich. Aber Rotwelsch und Jiddisch sind ganz spezielle Migrantensprachen. Es würde sie gar nicht geben, wären ihre Sprecherinnen und Sprecher nicht immer wieder zur Migration und zu einem Leben in ständig wechselndem Sprachumfeld gezwungen gewesen. Deshalb können jiddische und rotwelsche Lehnwörter auch nie sprachliche Zeugen für irgendeine Art von Integration sein, sondern sie erinnern – wenn überhaupt – an Diskriminierung und Ausgrenzung. Selbst ihr Bedeutungsspektrum ist in der Summe anders als das anderer Lehnwörter, was schon ein kurzer Blick auf die allgemeine Umgangssprache belegt. Wörter wie *Chuzpe*, *Mischpoke*, *Reibach*, *Schlamassel*, *vermasseln*, *baldowern*, *schofel*, *Tinnef*, *zocken*, *Zoff* und *zoffen*, *Schmu machen*, der ganze *Schmonzes*, *schachern*, *mauscheln*, *meschugge*, *Lauschepper*, *Gauner*, *Stuss* oder *Pleitegeier* sind alle negativ besetzt. Auch wenn man die

Lehnwörter in den rheinischen Dialekten und in der rheinischen Umgangssprache hinzunimmt, ändert sich dieses Bild kaum. Immer wenn Jiddisches im Spiel ist, geht es um – unredliche – Geschäfte, Geld und Geldgier oder um etwas Übles, das einem begegnen kann. Wie subtil solch sprachliche Diskriminierung im Alltag funktioniert, belegt eindrucksvoll die schon erwähnte *Schabbesmagd*, wie in rheinischen Dialekten die Ehefrau genannt wird, »die bei Vorgesetzten ihres Mannes umsonst arbeitet, um ihrem Manne Vorteile zu verschaffen«. Dass diese Form der Schleimerei mit einem jiddischen Namen belegt wird, ist sicher kein Zufall. Lehnwörter als sprachliche Zeichen für eine gelungene Integration – auf die Jiddismen trifft diese Annahme sicher nicht zu.

Einen besonderen Hinweis verdient in diesem Zusammenhang, wie eingangs bereits erwähnt, schließlich noch das Ruhrgebiet. Dort finden sich in der aktuellen Umgangssprache eine ganze Reihe von Jiddismen, die im restlichen Rheinland nur noch von wenigen Mundartsprechern benutzt werden und die nirgendwo sonst den Sprung in den Regiolekt geschafft haben. Das eindrücklichste Beispiel ist sicherlich das Verb *achilen* (essen), das zwar in den rheinischen Mundarten fest verankert (aus jidd. *achlen* [essen]), aber nur in den Städten an der Ruhr tatsächlich auch heute noch zu hören ist: » *Weisse Jupp, früher, da hasse für deine Achile noch richtich malochen müssen.*«[92] Und die Lehnwörter *Osnik* (Uhr), *Kilf/Keilof/Keile* (Hund), *teilacken* (weglaufen), *Tacken* (Groschen), *Poscher* (Geld) und *Beischuk* (zwei Mark) findet man sogar nur hier. Man hat noch kürzlich über sechzig Jiddismen gezählt, die im Ruhrdeutschen ein quicklebendiges Leben führen.[93] Das hat zum einen sicher damit zu tun, dass im angrenzenden Münsterland ehemals viele jüdische Viehhändler und die berühmten Rotwelsch sprechenden Tiödden, hausierende Tuchwarenhändler, unterwegs waren. Zum anderen haben die Menschen *im Pott* nach dem

frühen Verschwinden der alten Dialekte offensichtlich noch bewusst an bestimmten regionaltypischen Besonderheiten festgehalten, um so etwas wie eine sprachliche Identität zu wahren.

Die Jiddismen im Ruhrdeutschen waren auch schon 1940 dem Leiter der damaligen »Forschungsstelle für das Volkstum im Ruhrgebiet«, Eberhard Franke, aufgefallen. In einem großen Artikel in der *Gelsenkirchener Zeitung* hatte er diese Lehnwörter vorgestellt und mit einer längeren Bemerkung kommentiert: »Nach diesen Darlegungen ist es wohl verständlich, wenn von amtlicher Seite gegen den Gebrauch dieser fremden, vor allen Dingen jüdischen Ausdrücke in unserer Umgangssprache eingeschritten worden ist. Leider wird das Verbot heute noch vielfach übertreten. Wer mit offenen Ohren über den Gemüse-Großmarkt oder über den Schlachthof geht, kann diese artfremden Worte noch häufig wahrnehmen. Vielfach wissen die Sprechenden gar nicht, welchen Ursprungs die Worte sind, die sie gebrauchen. Ihnen mögen diese Ausführungen zur besonderen Belehrung dienen und ein Ansporn zur ständigen Selbstkontrolle werden. Es kann gegen die häßlichen Fremdkörper in unserer Umgangssprache gar nicht scharf genug Front gemacht werden. Und jeder Gelsenkirchener muß sich für diese dringend notwendige sprachliche Reinigungsaktion mitverantwortlich fühlen.«[94] Es ist nicht bekannt, ob die Nationalsozialisten wirklich »von Amts wegen« gegen die »artfremden« Wörter vorgegangen sind. Bekannt ist jedoch, dass der Artikel die gewünschte »Selbstkontrolle« ausgelöst hat und in Leserzuschriften pflichtgemäß gegen die Gebrauch der Lehnwörter gewettert oder sogar deren Gebrauch im Ruhrdeutschen glatt abgestritten wurde. So absurd eine solche Sprachpolitik auch immer ist, vielleicht hatten die Menschen im Kohlenpott tatsächlich ein Gespür für diese besondere Form des Widerstands, der auch im Gebrauch von bestimmten Wörtern seinen Ausdruck finden kann. So weiß man zum Beispiel, dass die

Dortmunder Edelweißpiraten in ihrem Slang eine ganze Reihe von Jiddismen wie *tofte*, *Maloche*, *Tacken*, *Raibach*, *Masel* oder *Macker* verwendeten;[95] und schließlich haben diese Lehnwörter die dunklen Jahre im Revier ja gänzlich unbeschadet überstanden.

## Pimmocks und Bajuffen

Die Mundarten und erst recht die Umgangssprachen sind voll von abwertenden Bezeichnungen für Ausländer und Fremde. Das gilt für den gesamten deutschen Sprachraum genauso wie für das Rheinland. Es ist deshalb sicherlich unzulässig, diese Schimpfwörter zum Gradmesser für die Integration von Migranten zu machen, aber es ist andererseits doch auch aufschlussreich zu fragen, wie eine Region, die sich selbst der Offenheit und jahrtausendelangen Integrationsbereitschaft rühmt, eigentlich ihre »Fremden« nennt.

Worum geht es? »In Geldern galten sie als ›arme Pollacken‹ – eine Formulierung, in der gleichzeitig Mitleid und Distanz der einheimischen […] Bevölkerung […] zum Ausdruck kommt.«[96] Damit ist bereits das wohl älteste der heute im Rheinland gebräuchlichen Schimpfwörter genannt, mit dem, folgt man dem bekanntesten aller Ruhrgebiets-Wörterbücher, erstens »Asoziale« und zweitens »Polen, Polenaussiedler, alle die aus Osteuropa kommen oder ganz allgemein Ausländer« bezeichnet werden.[97] In diesem Fall waren mit *Pollacken* allerdings nicht polnische Bergleute gemeint, sondern sogenannte »Ostjuden«, die seit den 1880er-Jahren vermehrt ihrer Heimat in Polen und Russland den Rücken gekehrt hatten, um den dortigen ärmlichen Verhältnissen und den neu aufkeimenden Verfolgungen zu entkommen. Und die, die sie nun *arme Pollacken* nannte, war bezeichnenderweise die jüdische Bevölkerung

am Niederrhein, die sich zur Hilfe für ihre Glaubensgenossen aus dem Osten aufgerufen sah. Mag diese Episode auch nur eine Randnotiz der rheinischen Migrationsgeschichte sein, so zeigt sie doch, dass die sprachliche Diskriminierung von Fremden keine Einbahnstraße ist, sondern dass selbst ehemalige Migranten dafür anfällig sind.

Es ist heute nur schwer zu entscheiden, ob *Pollack* (das sich tatsächlich aus dem polnischen Wort *polak* für »Pole« ableitet) für die niederrheinischen Juden um 1880 bereits ein so drastisches Schimpfwort gewesen ist, wie es uns heute erscheint. Über die Jahrhunderte war das Wort eine ganz normale Volksbezeichnung wie andere auch. Das änderte sich erst im 19. Jahrhundert, sodass der Rheinländer Heinrich Heine 1854 in seinem Gedicht *Himmelfahrt* schreiben konnte: »Es kommen die Vagabunde, / Zigeuner, Polacken und Lumpenhunde, / Die Tagediebe, die Hottentotten – / sie kommen einzeln und in Rotten.« Das bedeutet aber auch, dass die abwertende Bedeutung des Worts keine Folge der erst ab 1890 einsetzenden Masseneinwanderung aus dem Osten war, sondern schon lange vorher existierte. Das *Rheinische Wörterbuch*, das die rheinischen Mundarten um 1900 dokumentiert, führte die »neuen Ansiedler« folgerichtig auch als neueste Bedeutungsvariante für *Pollack* an: »1. Pole, polnischer Arbeiter 2.a unterwürfiger, sklavischer Kerl, der sich zu jedem Dienste brauchen lässt 2.b unordentlich Arbeitender 2.c hergelaufener frecher Mensch; neuer Ansiedler im Dorfe, der gefährlich aussieht u. gewöhnlich schlecht ist.«[98] Die Menschen im Rheinland und im Ruhrgebiet wussten also um die beleidigende Wirkung des Worts, als sie die Arbeitsmigranten aus Schlesien, Masuren, Posen oder Polen *Pollacken* nannten. Das Wort ist im Laufe der Zeit zur sprachlichen Allzweckwaffe gegen Migranten geworden. Nach 1945 traf es die Vertriebenen, die ebenfalls als *Pollacken* beschimpft wurden, ihre Ansiedlungen und Unterkünfte

wurden entsprechend *Klein-Polen* und *Knoblauch-* oder *Paprikasiedlung* genannt. Heute schließlich kann das Schimpfwort jeden Migranten treffen, ob aus dem Orient oder Afrika. Ein im Ruhrgebiet sehr beliebtes Wort ist *Pollackenflachrennen*, das heute eher lustig gemeint ist und jedes größere Gedränge beschreiben kann, das aber entstanden ist als abfällige Bezeichnung des Verhaltens von türkischen Migrantinnen an Wühltischen im Schlussverkauf oder bei Aldi.

Neben *Pollack* ist auch *Paselacke* ein Schimpfwort, für das man wegen Beleidigung oder sogar Volksverhetzung verurteilt werden kann. Heute ist *Paselacke* ein Synonym für *Gesocks*, also eine abwertende Bezeichnung für unliebsame Zeitgenossen, früher waren damit – wieder einmal – Migranten aus dem Osten gemeint. Daher ist auch in vielen Publikationen und sogar im großen Duden zu lesen, das Wort gehe auf polnisches *poslanka* (Gesandter) und das dazugehörige Verb *poslat* (hinschicken) zurück. Diese Herleitung ist jedoch sehr unwahrscheinlich, denn das Wort ist älter als die »polnische Invasion« im Ruhrgebiet. Im Essener Dialekt gab es immer schon *die Paselack* als »Herumtreiberin, ein unordentliches, nachlässiges Weib, das klatschen geht«, abgeleitet aus dem weitverbreiteten Mundartverb *paselacken* (von einem Ort zum anderen gehen).[99] Es wäre auch so etwas wie der Treppenwitz der Sprachgeschichte, wenn das polnische Wort für Diplomat im Ruhrgebiet das Schimpfwort für polnische Arbeitsmigranten geworden wäre.

Auch das zentrale Rheinland hat seine Bezeichnung »für land- u. ortsfremde Menschen, deren im letzten Viertel des 19. Jh. [...] in Köln u. im Rheinland viele einströmten, namentlich aus dem Osten«.[100] Hier sind es die *Pimmocks* oder *Pimmocken*, die zuerst die besagten Arbeitsmigranten aus dem Osten waren, dann die Vertriebenen aus den Ostgebieten, danach die Gastarbeiter und schließlich nach der Wen-

de die *Ossis*, die im Ruhrgebiet deshalb konsequent auch die *Ostpimmocks* sind. In Köln, wo schon die Menschen von der *Schäl Sick* oder erst recht die Düsseldorfer *Pimmocks* sein können, hält man das Wort heute nicht mehr für beleidigend. Dass dies die »Pimmocks« selbst allerdings ganz anders erfahren, zeigt dieser Kommentar im *Rheinischen Mitmachwörterbuch*: »Ich bin als 7-Jähriger mit meinen deutschen Eltern Ende der 50-iger Jahre aus Schlesien nach Köln übergesiedelt und mir wurde dieses böse Schimpfwort öfters, vor allem von Gleichaltrigen, die das von ihren rheinischen Eltern wohl zu Hause aufgeschnappt haben, an den Kopf geschmissen. Ich habe darunter sehr gelitten.«[101]

Um das Wort ranken sich sehr schöne Herkunftslegenden. So soll *Pimmock* »Flüchtling, der über Brücken kommt« bedeuten, weil die Flüchtlinge aus dem Osten über viele Brücken laufen mussten und dort immer dem Brückenheiligen Nepomuk begegnet sind. Außerdem wird das Wort auch aus dem preußischen Wort für Kabeljau, *Pomuchel*, abgeleitet oder aus einem niederpreußischen Mundartwort, auf das auch die Kinderbuchfigur Pumuckl zurückgehen soll. Schließlich sind auch die mittelalterlichen Arbeiter der Dombauhütte in Köln beteiligt, die Piemontesen gewesen sind und von den Kölnern deshalb *Pimmocks* genannt wurden. Auch wenn von italienischen Arbeitsmigranten im Mittelalter bislang nichts bekannt ist, könnte *Pimmock* tatsächlich eine Verballhornung von Piemont sein, denn im 18. und 19. Jahrhundert waren viele Stuckateure aus dieser Region in Köln und im Kölner Umland tätig. Aber diese These wird man wohl nie endgültig belegen können.

Andere, weniger verbreitete Schimpfwörter für Migranten im Rheinland sind *Kuffnucke*, *Bajuffe*, *Kasemucke*, *Haback* oder *Hanak*, *Pasemander*, *Spaguffe*, *Kolläck*, *Eschek*, *Zibbelinski* oder *Spalucke*. Diese längst nicht vollständige Liste zeigt die ganze Bandbreite möglicher abfälliger Fremdenbezeichnun-

gen, wobei die seltsamen *Pasemander* als abwertendes Wort für Belgier im Aachener Raum belegen, dass die Nähe zu Niederländern, Belgiern und Franzosen nicht zwangsläufig zu gegenseitiger Achtung führen muss. Wörter wie *Kasemucke*, *Kuffnucke*, *Spartacke* und *Spaguffe* dagegen offenbaren ihren Charakter schon durch ihre Lautung, die an fremde Völker (Molukken) wie an moderne Schimpfwörter wie *Spasti* erinnert. *Hanak*, in Köln und Koblenz gibt es auch das *Hanakepack*, soll dagegen der Name eines Volksstamms in Mähren sein, der »in der Rede der Deutschen in Böhmen« zum Schimpfwort wurde.[102] Die *Bajuffen* dagegen könnten eine Verballhornung von Bajuwaren sein, und wen die Bezeichnungen *Eschek* und *Zibbelinski* treffen sollen, ist leicht zu dechiffrieren. Sogar eines der rheinischen Lieblingswörter, das angeblich aus dem Französischen stammende und damit die rheinische Offenheit bezeugende *Fisternöll*, erhält einen ganz anderen Sinn, wenn tatsächlich Ausländer ins Spiel kommen. Dann wird aus der heimlichen Liebschaft ein Schimpfwort: In Aachen wird nämlich ein Liebhaber *Fisternöll* genannt, »der nicht passt, besonders wenn ein Mädchen einen Belgier oder Franzosen als Verehrer hat«.[103] Allein dieses sprechende Beispiel belegt eindringlich, dass die Vorstellung vom Rheinischen als sprachlichem Melting Pot und Kronzeuge für rheinische Offenheit und Integrationsbereitschaft nur ein Mythos ist. Man darf die Schimpfwörter für Ausländer nicht überbewerten, sie finden sich sicherlich in allen Sprachen und sind nicht unbedingt ein Ausweis der Fremdenfeindlichkeit, aber die Legende von der rheinischen Sprache als hörbarem Beleg für eine seit Urzeiten gelungene Integrationsgeschichte am Rhein widerlegen sie allemal.

# Anmerkungen

1 Menge 2013.
2 *Express*, z.B. die Ausgabe vom 2.12.2004.
3 Zu den soziopsycholinguistischen Bedingungen, die bei sprachlichen Übernahmeprozessen wirksam sein können, siehe Oskaar 1984, S. 851.
4 Scardigli 1994, S. 155.
5 Das größte Verdienst im Rahmen dieser Endeckungsgeschichte gebührt sicherlich Wolfgang Jungandreas; siehe dazu Jungandreas 1979.
6 Post 2004, S. 17.
7 Der Asterisk (*) – wie hier bei *olca – kennzeichnet in der Sprachwissenschaft Wörter, die nicht belegt, sondern nur erschlossen sind.
8 Siehe dazu Honnen/Forstreuter 1994 (mit Beispielen des gesprochenen Inseldialekts auf CD) sowie Schiering 2004 und Schiering 2008.
9 Veith 1969.
10 Siehe Post 1990, S. 37.
11 »Prinzipiell« deshalb, weil die Menschen im 18. und 19. Jahrhundert ausschließlich Dialekt sprachen und deshalb der sprachliche Abstand zwischen Pfälzern und Niederrheinern, verglichen mit heutigen Sprachzuständen, deutlich größer gewesen ist.
12 Siehe Beutling 1995, Honnen/Forstreuter 1994 und Seeling 1964.
13 »Ripuarisch« werden in der Sprachwissenschaft die zentralrheinischen Mundarten genannt.
14 Zit. nach Menge 1979, S. 90.

15 www.daa-projektwoche. de/industrie/sprachentwick lung.htm (abgerufen am 2.5.2011).
16 www.maxsager.ch/webs_ hms/Ruhrgebiet/ruhrdeutsch. htm (abgerufen am 2.5.2011).
17 www.ciao.de/Ruhrpott_ Dialekt__Test_2945759 (abgerufen am 2.5.2014).
18 Genaue Zahlen zur Zuwanderung im Ruhrgebiet finden sich in Menge 1979.
19 Die einstmals neutrale Bezeichnung für »Polen« hatte in der zweiten Hälfte des 19. Jahrhunderts einen Bedeutungswandel hin zum Schimpfwort erfahren.
20 Mihm 1989, S. 74 f.
21 Siehe Menge 1979, S. 106.
22 Mihm 1989, S. 75.
23 Menge 1985, S. 156.
24 Honnen 2006.
25 Cornelissen 2009, S. 43.
26 Zit. nach Schmitt 1997, S. 40.
27 Marx/Schmitt 2011; auch hier, wie in vielen rheinischen Wortsammlungen, sind darüber hinaus Wörter als Lehnwörter klassifiziert, die gar keine sind, z.B. *Korwelebrud* (Korbbrot) oder *Maor* (Alp, Maar).
28 Greive 1993, S. 72.
29 Post 1982.
30 Honnen 2008, S. 48 und 137.
31 Cornelissen 1989, S. 32.
32 Kramer 1992, S. 152.
33 Cornelissen 2009, S. 51 f.
34 Kramer 1992, S. 68.
35 Siehe Honnen 2008.
36 Willkürliches Zitat aus den Ergebnissen einer Google-Recherche zur »rheinischen Kultur«: www.rmv-web.de/ (abgerufen am 7.5.2011).

37 Alle Belege aus dem *Rheinischen Wörterbuch*.

38 Siehe dazu z. B. auch Katz 1983 und Bin-Nun 1973.

39 Weber 1924.

40 Das Rotwelsche ist keine Sprache im eigentlichen Sinn, sondern eher ein sondersprachlicher Wortschatz; siehe dazu Honnen 1998, S. 11 ff.

41 Ebd., S. 26.

42 Zu den rotwelschen Belegen im *Rheinischen Wörterbuch* siehe Honnen 2002.

43 Kramer 1992, S. 30.

44 Zit. nach Post 2004, S. 12.

45 Ebd., S. 4.

46 Ebd.

47 Beispiele aus ebd., S. 14, und Haubrichs 2003, S. 255.

48 Beispiele aus Post 2004, S. 16, und Haubrichs 1988, S. 400 ff.

49 Post 2004, S. 17.

50 Ebd., S. 33.

51 Ament 1992, S. 261.

52 Kramer 1992, S. 43.

53 Post 2004, S. 35.

54 Wiesinger 1983, S. 902.

55 Ebd., S. 906.

56 Honnen/Forstreuter 1994, S. 10.

57 Fiedler 1988, S. 53.

58 Mott 1989, S. 19.

59 Fiedler 1988, S. 50.

60 Jörissen 1995, 19 f.

61 Honnen/Forstreuter 1994, S. 65.

62 Beutling 1995, S. 127.

63 www.czierpka.de/wassersport/reviere/ruhrgebiet/sprache.html (abgerufen am 12.9.2014; Hervorhebungen teils vom Autor).

64 Menge 2013, S. 61 ff.

65 Siehe die Umfrage im Video der *WAZ*-Serie »Weiße Bescheid?«.

66 Sprick 2009, S. 191.

67 Menge 2000, S. 340.

68 Ebd., S. 124.

69 Ebd., S. 125.

70 Menge 2013, S. 27.

71 Sprick 2009, S. 165.

72 *Mutterklötzkes* sind übrig gebliebene Stücke von Strebhölzern, die die Bergmänner nach Hause (zur Mutter) mitnehmen durften.

73 Cramm/Huske 2002.

74 Honnen 2006, S. 19.

75 Honnen 2008, S. 71 ff.

76 Zit. nach Helfrich 1990, S. 86.

77 Kramer 1992, S. 112.

78 Cornelissen 2009, S. 43.

79 Nonn 2011, S. 68.

80 Gruschka 2014, S. 17.

81 Honnen 2014, S. 134.

82 Hollender 2014, S. 50 f.

83 Timm 2014, S. 61.

84 Cluse 2005, S. 16.

85 Küntzel 2008, S. 62.

86 Ebd.

87 Laux 2005, S. 104.

88 Siehe S. 25 und Anm. 40.

89 Gruschka 2014, S. 28.

90 Zu den Zahlen siehe Honnen 2014, S. 123 f.

91 Zu den Jiddismen in den rheinischen Mundarten siehe ebd., S. 137 ff.

92 Fellsches/Gronemann 2010, S. 12.

93 Menge/Lakemper 1999, S. 580 ff.

94 Zit. nach ebd., S. 589.

95 Menge 2013, S. 117.

96 Nonn 2005, S. 147.

97 Sprick 2009, S. 111.

98 RhWb, Bd. 6/1014.

99 Honnen 2008, S. 160.

100 Wrede 2010, S. 716.

101 www.mitmachwoerterbuch.lvr.de/detailansicht.php?Artikel=Pimmock&Eintrag1=164 (abgerufen am 22.11.2014).

102 Wrede 2010, S. 354.

103 RhWb, Bd. 2/500.

# Literatur

**Ament 1992**   Hermann Ament:
Romanen an Rhein und Mosel im
frühen Mittelalter. Archäologische
Bemühungen um ihren Nachweis,
in: Bonner Jahrbücher, Nr. 192,
1992, S. 261–271.

**Barbian / Brocke / Heid 1999**   Jan-
Pieter Barbian, Michael Brocke
und Ludger Heid (Hrsg.): Juden
im Ruhrgebiet. Vom Zeitalter der
Aufklärung bis in die Gegenwart,
Essen 1999.

**Beutling 1995**   Werner Beutling: Do
hämm wi't all werra! Erlebnisse
und Erzählungen rund um die
Gerresheimer Glashütte, 4. Aufl.,
Ratingen 1995.

**Bin-Nun 1973**   Jechiel Bin-Nun: Jiddisch und die deutschen Mundarten. Unter besonderer Berücksich-
tigung des ostgalizischen Jiddisch,
Tübingen 1973.

**Cluse 2005**   Christoph Cluse: Juden
am Niederrhein während des
Mittelalters. Eine Bilanz, in: Grübel / Mölich 2005, S. 1–27.

**Cornelissen 1989**   Georg Cornelissen: Fassong, Filu, Pavei, Plafong.
Über die Franzosenzeit und die
französischen Lehnwörter in den
rheinischen Mundarten, in: Volkskultur an Rhein und Maas, Nr. 1,
1989, S. 31–37.

**Cornelissen 2009**   Georg Cornelissen: Das Faible für Fisimatenten.
Die Rheinländer und ihre »fran-
zosenzeitlichen« Lehnwörter, in:
Theis / Wilhelm 2009, S. 43–60.

**Cramm / Huske 2002**   Thilo Cramm
und Joachim Huske: Bergmannssprache im Ruhrrevier. Auswahl
und Erläuterung einiger, vor-
nehmlich älterer Ausdrücke der
Bergmannssprache im Steinkoh-
lenbergbau an der Ruhr, 5. Aufl.,
Werne 2002.

**Fellsches / Gronemann 2010**   Josef
Fellsches und Peter Gronemann:
Dortmunder Wortschätzchen,
8. Aufl., Leck 2010.

**Fiedler 1988**   Klaus-Peter Fiedler:
Pfälzer am Niederrhein? Geschichte
und Genetik einer Bevölkerungs-
gruppe, Diss. Mainz 1988.

**Greive 1993**   Arthur Greive:
Französisches Kölsch. Kölnisches
Französisch, in: Universität im
Rathaus. Veranstaltungen im
akademischen Jahr 1992/93, Köln
1993, S. 62–84.

**Grübel / Honnen 2014**   Monika
Grübel und Peter Honnen (Hrsg.):
Jiddisch im Rheinland. Auf den
Spuren der Sprachen der Juden,
Essen 2014.

**Grübel / Mölich 2005**   Monika
Grübel und Georg Mölich (Hrsg.):
Jüdisches Leben im Rheinland.
Vom Mittelalter bis zur Gegenwart,
Köln 2005.

**Gruschka 2014**   Robert Gruschka:
Westjiddisch an Rhein und Main
und im übrigen Europa. Eine kurze
Darstellung der Sprache der Juden
im westlichen Aschkenas, in: Grübel / Honnen 2014, S. 15–40.

**Haubrichs 1988** Wolfgang Haubrichs: Romanen an Rhein und Mosel. Onomastische Reflexionen, in: Peter Ernst und Franz Patocka (Hrsg.): Deutsche Sprache in Raum und Zeit. Festschrift für Peter Wiesinger, Wien 1988, S. 379–414.

**Haubrichs 2003** Wolfgang Haubrichs: Römisch-Germanische Sprachbeziehungen, in: Reallexikon der Germanischen Altertumskunde, Bd. 25, Berlin und New York 2003, S. 251–258.

**Helfrich 1990** Uta Helfrich: Sprachliche Galanterie?! Französisch-deutsche Sprachmischung als Kennzeichen der »Alamodesprache« im 17. Jahrhundert, in: Johannes Krama und Otto Winkelmann (Hrsg.): Das Galloromanische in Deutschland, Wilhelmsfeld 1990, S. 77–99.

**Hollender 2014** Elisabeth Hollender: Die Sprachen der Kölner Juden im Mittelalter nach ihren schriftlichen Zeugnissen, in: Grübel/Honnen 2014, S. 41–56.

**Honnen 1998** Peter Honnen: Geheimsprachen im Rheinland. Eine Dokumentation der Rotwelschdialekte in Bell, Breyell, Kofferen, Neroth, Speicher und Stotzheim, Köln 1998.

**Honnen 2002** Peter Honnen: Sondersprachliches im Rheinischen Wörterbuch, in: Klaus Siewert (Hrsg.): Aspekte und Ergebnisse der Sondersprachenforschung II. II. und IV. Internationales Symposion, 17.–19. März 1999 in Rothenberge/6.–8. April 2000 in Münster (Sondersprachenfor-schung, Bd. 7), Wiesbaden 2002, S. 87–96.

**Honnen 2006** Peter Honnen: Von Dulleks, Proscheks und anderen Lelleks. Zum besonderen Wortschatz des Ruhrdeutschen, in: Wir im Rheinland. Magazin für Sprache und Alltagskultur, Nr. 2, 2006, S. 38–44.

**Honnen 2008** Peter Honnen: Alles Kokolores? Wörter und Wortgeschichten aus dem Rheinland, Köln 2008.

**Honnen 2014** Peter Honnen: Jiddisch in rheinischen Dialekten, in: Grübel/Honnen 2014, S. 123–188.

**Honnen/Forstreuter 1994** Peter Honnen und Cornelia Forstreuter: Sprachinseln im Rheinland. Eine Dokumentation des Pfälzer Dialekts am unteren Niederrhein und des »Hötter Platt« in Düsseldorf Gerresheim (Rheinische Mundarten, Bd. 7), Köln 1994.

**Jörissen 1995** Josef Jörissen: 175 Jahre Louisendorf. Chronik eines Pfälzerdorfes am Niederrhein, Kleve 1995.

**Jungandreas 1979** Wolfgang Jungandreas: Zur Geschichte des Moselromanischen. Studien zur Lautchronologie und zur Winzerlexik (Mainzer Studien zur Sprach- und Volksforschung, Bd. 3), Wiesbaden 1979.

**Katz 1983** David Katz: Zur Dialektologie des Jiddischen, in: Werner Besch, Ulrich Knoop, Wolfgang Putschke und Herbert Ernst Wiegand (Hrsg.): Dialekto-

logie. Ein Handbuch zur deutschen und allgemeinen Dialektforschung (Handbücher zur Sprach- und Kommunikationswissenschaft, Bd. 1.2), 2. Halbband, Berlin und New York 1983, S. 1018–1041.

**Kleiber 1985**   Wolfgang Kleiber: Die Flurnamen. Voraussetzungen, Methoden und Ergebnisse sprach- und kulturhistorischer Auswertung, in: Werner Besch, Anne Betten, Oskar Reichmann und Stefan Sonderegger (Hrsg.): Sprachgeschichte. Ein Handbuch zur Geschichte der deutschen Sprache und ihrer Erforschung (Handbücher zur Sprach- und Kommunikationswissenschaft, Bd. 2.2), 2. Halbband, Berlin und New York 1985, S. 2130–2141.

**Kramer 1992**   Johannes Kramer: Das Französische in Deutschland. Eine Einführung, Stuttgart 1992.

**Küntzel 2008**   Astrid Küntzel: Fremde in Köln. Integration und Ausgrenzung zwischen 1750 und 1814, Köln, Weimar und Wien 2008.

**Laux 2005**   Stephan Laux: Zwischen Anonymität und amtlicher Erfassung. Herrschaftliche Rahmenbedingungen jüdischen Lebens in den rheinischen Territorialstaaten vom 16. Jahrhundert bis zum Beginn der »Emanzipationszeit«, in: Grübel/Mölich 2005, S. 79–110.

**Marx/Schmitt 2011**   Josef Marx und Horst Schmitt: Trierer Wörterbuch, Trier 2011.

**Menge 1979**   Heinz H. Menge: Einflüsse aus dem Polnischen im Ruhrgebiet? Exemplarische Behandlung eines Kapitels aus der »Volks-

linguistik«, in: Niederdeutsches Wort. Beiträge zur niederdeutschen Philologie, Bd. 19, Münster 1979, S. 86–116.

**Menge 1985**   Heinz H. Menge: War das Ruhrgebiet auch sprachlich ein Schmelztiegel?, in: Arend Mihm (Hrsg.): Sprache an Rhein und Ruhr. Dialektologische und soziolinguistische Studien zur sprachlichen Situation im Rhein-Ruhr-Gebiet und ihrer Geschichte (Zeitschrift für Dialektologie und Linguistik, Beihefte, Bd. 30), Stuttgart 1985, S. 149–162.

**Menge 2000**   Heinz Menge: Sprachgeschichte des Ruhrgebiets, in: Jürgen Macha, Elmar Neuss und Robert Peters (Hrsg.): Rheinisch-Westfälische Sprachgeschichte (Niederdeutsche Studien, Bd. 46), Köln, Weimar und Wien 2000, S. 337–348.

**Menge 2013**   Heinz Menge: Mein lieber Kokoschinski. Der Ruhrdialekt. Aus der farbigsten Sprachlandschaft Deutschlands, Bottrop 2013.

**Menge/Lakemper 1999**   Heinz Menge und Udo Lakemper: Nicht nur »Maloche«, aber… Einflüsse auf die jiddische Sprache des Ruhrgebiets, in: Barbian/Brocke/Heid 1999, S. 575–600.

**Mihm 1989**   Arend Mihm: Alter und neuer Dialekt im Industriegebiet. Zum Sprachgebrauch in der Region Duisburg, in: Volkskultur an Rhein und Maas (VRM-Spezial »Ruhrgebiet«), Nr. 1, 1989, S. 64–77.

**Mott 1989**   Barbara Mott: Pfälzer am Niederrhein. Die Geschichte der Pfälzersiedlungen Pfalzdorf, Louisendorf und Neulouisendorf im Rahmen der preußischen Binnenkolonisation des 18. und 19. Jahrhunderts, Goch und Kalkar 1989.

**Nonn 2005**   Christoph Nonn: Jüdisches Leben am Niederrhein im Kaiserreich. Das Beispiel Geldern, in: Grübel/Mölich 2005, S. 137–170.

**Nonn 2011**   Christoph Nonn: Kleine Migrationsgeschichte von Nordrhein-Westfalen, Köln 2011.

**Oskaar 1984**   Els Oskaar: Das Deutsche im Sprachkontakt. Terminologie und Gegenstand der Sprachkontaktforschung, in: Werner Besch, Oskar Reichmann und Stefan Sonderegger (Hrsg.): Sprachgeschichte. Ein Handbuch zur Geschichte der deutschen Sprache und ihrer Erforschung (Handbücher zur Sprach- und Kommunikationswissenschaft, Bd. 2.1), 1. Halbband, Berlin und New York 1984, S. 845–854.

**Post 1982**   Rudolf Post: Romanische Entlehnungen in den westmittel-deutschen Mundarten. Diatopische, diachrone und diastratische Untersuchungen zur sprachlichen Interferenz am Beispiel des landwirtschaftlichen Sachwortschatzes (Mainzer Studien zur Sprach- und Volksforschung, Bd. 6), Wiesbaden 1982.

**Post 1990**   Rudolf Post: Pfälzisch. Einführung in eine Sprachlandschaft, Landau/Pfalz 1990.

**Post 2004**   Rudolf Post: Zur Geschichte und Erforschung des Moselromanischen, in: Rheinische Vierteljahrsblätter, Nr. 68, Bonn 2004, S. 1–35.

**RhWb**   Rheinisches Wörterbuch. Auf Grund der von J. Franck begonnenen, von allen Kreisen des rheinischen Volkes unterstützten Sammlung, hrsg. von J. Müller u.a., 9 Bde., Bonn und Berlin 1928–1971.

**Scardigli 1994**   Piergiuseppe Scardigli: Der Weg zur deutschen Sprache. Von der indogermanischen bis zur Merowingerzeit, Bern u.a. 1994.

**Schmitt 1997**   Eva-Maria Schmitt: Über Vorlieben und Vorurteile rheinländischer Wörterbuchbearbeiter. Französische Lehnwortsammlungen im nördlichen Rheinland, in: Volkskultur an Rhein und Maas, Nr. 1–2, 1997, S. 38–44.

**Schiering 2004**   René Schiering: Bericht des Stipendiaten Schiering 2003, in: Mitteilungen der Gesellschaft für bedrohte Sprachen e.V. Bulletin, Nr. 10, 2004, S. 7–14; www.uni-koeln.de/gbs/Bulletin/bulletin10.pdf.

**Schiering 2008**   René Schiering: Dokumentation und Beschreibung des pfälzischen Sprachinseldialekts am Niederrhein; www.uni-muenster.de/Sprachwiss/Forschen/Pfaelzisch/Antrag.html.

**Seeling 1964**   Hans Seeling: Geschichte der Gerresheimer Glashütte. Ursprung und Entwicklung 1864–1908 (Studien zur

Düsseldorfer Wirtschaftsgeschichte, Bd. 1), Düsseldorf 1964.

Sprick 2009   Claus Sprick: Hömma! Sprache im Ruhrgebiet. Mit einem grammatischen Anhang von Klaus Birkenhauer, 12. Aufl., Essen 2009.

Theis/Wilhelm 2009   Kerstin Theis und Jürgen Wilhelm (Hrsg.): Frankreich am Rhein. Die Spuren der »Franzosenzeit« im Westen Deutschlands, Köln 2009.

Timm 2014   Erika Timm: Der Text auf dem Fundstück 596-10, in: Grübel/Honnen 2014, S. 57–62.

Veith 1969   Werner H. Veith: Kuseler Mundart am Niederrhein – ein dialektgeographischer Irrtum, in: Zeitschrift für Dialektologie und Linguistik, Nr. 36, 1969, S. 67–76.

Weber 1924   J. B. Weber: Die Geheimsprache der Handelsleute, Trier 1924.

Wiesinger 1983   Peter Wiesinger: Deutsche Dialektgebiete außerhalb des deutschen Sprachgebiets: Mittel-, Südost- und Osteuropa, in: Werner Besch, Ulrich Knoop, Wolfgang Putschke und Herbert Ernst Wiegand (Hrsg.): Dialektologie. Ein Handbuch zur deutschen und allgemeinen Dialektforschung (Handbücher zur Sprach- und Kommunikationswissenschaft, Bd. 1.2), 2. Halbband, Berlin und New York 1983, S. 900–929.

Wrede 2010   Adam Wrede: Neuer kölnischer Sprachschatz. Mit einer Einführung von Peter Honnen, 13. Aufl. und Sonderausgabe in einem Band, Köln 2010.

*»Ein Pionierwerk«*

(Frankfurter Rundschau)

**Kappes, Knies und Klüngel**
**Regionalwörterbuch des Rheinlands**
Peter Honnen
7., grundlegend überarb. und erw.
Neuausgabe
272 Seiten | 13 × 21 cm
Klappenbroschur
11,90 Euro
ISBN 978-3-7743-0601-1

Eine Veröffentlichung des LVR-Instituts für
Landeskunde und Regionalgeschichte

GREVEN VERLAG KÖLN
Einfach schöne Bücher

*»Das Beste
aus rheinischem Mund«*
(Rheinische Post)

**Alles Kokolores?**
**Wörter und Wortgeschichten**
**aus dem Rheinland**
Peter Honnen
248 Seiten | 13 × 21 cm
Klappenbroschur
11,50 Euro
ISBN 978-3-7743-0418-5

Eine Veröffentlichung des LVR-Instituts für
Landeskunde und Regionalgeschichte

Qualität für Menschen

GREVEN VERLAG KÖLN
Einfach schöne Bücher